疯狂阅读

年度特辑 6

中国风

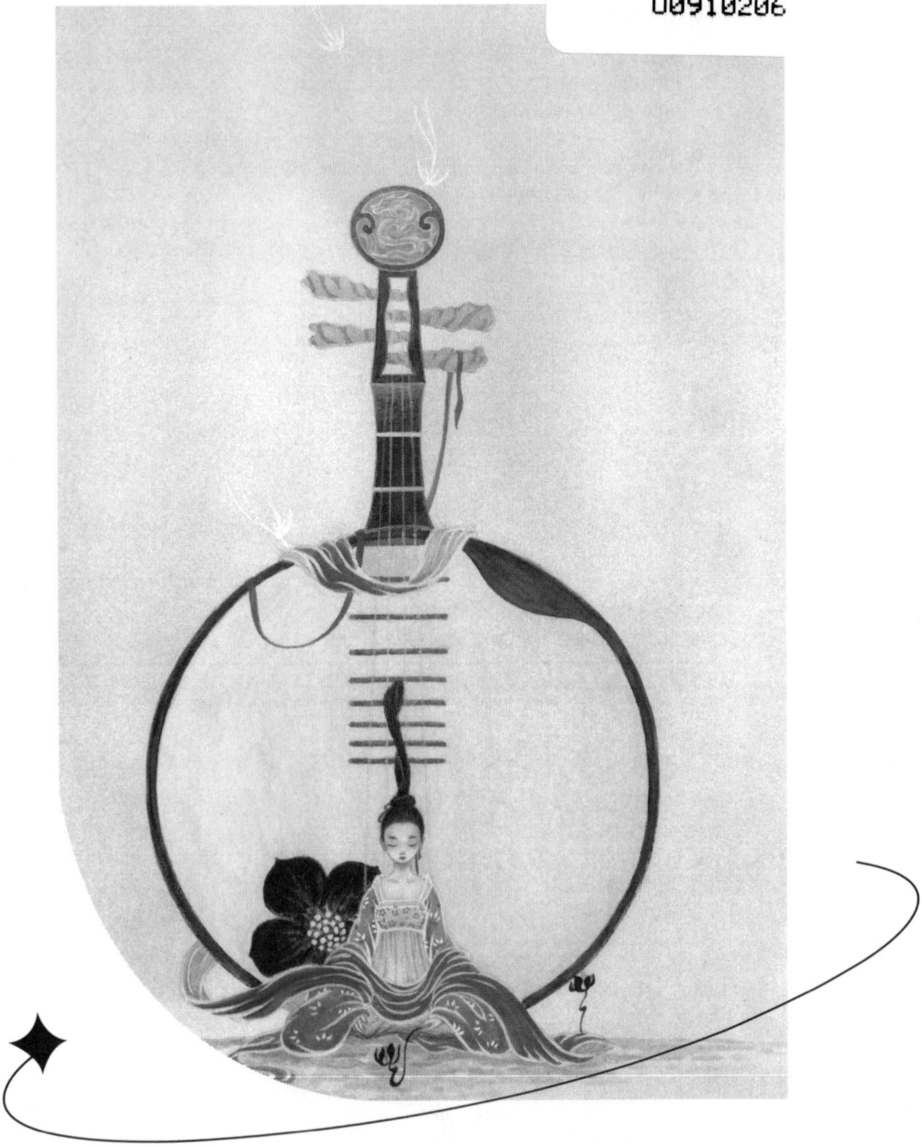

诗是灵魂的一封短信，
历史是过去给将来的回音。
挑灯将情与诗渲染，
读到万籁俱静，
临一阕平平仄仄新词，
陪半月饮，给夜虫听。

主编 杜志建

漓江出版社
·桂林·

图书在版编目（CIP）数据

疯狂阅读．年度特辑 6 / 杜志建主编．-- 桂林：漓江出版社，2023.12
ISBN 978-7-5407-9678-5

Ⅰ．①疯… Ⅱ．①杜… Ⅲ．①阅读课 - 中学 - 教学参考资料 Ⅳ．① G634.333

中国国家版本馆 CIP 数据核字（2024）第 005779 号

疯狂阅读·年度特辑·6

FENGKUANG YUEDU · NIANDU TEJI · 6

杜志建　主编

出 版 人　刘迪才
出版统筹　文龙玉
责任编辑　魏志明
助理编辑　周冬辉
书籍设计　马俊洁
封面绘图　雒　松
责任监印　黄菲菲

出版发行　漓江出版社有限公司
社　　址　广西桂林市南环路 22 号
邮　　编　541002
发行电话　010-85891290　0773-2582200
邮购热线　0773-2582200
网　　址　www.lijiangbooks.com
微信公众号　lijiangpress

印　　制　河南瑞之光印刷股份有限公司
开　　本　787 mm × 1092 mm　1/16
印　　张　10
字　　数　280 千字
版　　次　2024 年 1 月第 1 版
印　　次　2024 年 1 月第 1 次印刷
书　　号　ISBN 978-7-5407-9678-5
定　　价　22.80 元

声明

基于对知识和创作的尊重，本书向所选文章、图片的作者给予补贴。因条件所限未能及时联系的作者，我们在此深表歉意，当您看到本书时，请与我们联系，以便我们向您支付补贴和赠送样书。因篇幅有限，部分文章有删节，敬请谅解。

联系方式：0371-68698015

目录

尘缘入墨

俗缘千劫不尽，回首落红尘

西楼别序

笔下端砚无眠意，寻山海作诗篇

素纸留香

以落日余温煎茶，饮尽人间风雅

孤鸿远客

人生似水无涯，春衫酒痕污

烟雨行舟

还忆经年唐宋事，回首落梅花

雨巷幽人

故人千山外，不寄梅花远信来

戏梦回首

胡琴伊呀道先寂，一曲满庭芳

罗刹海市

西风不赠来生约，青丘寻洞天

尘缘入墨
俗缘千劫不尽，
回首落红尘

此物最相思

红豆生南国，春来发几枝。愿君多采撷，此物最相思。

——王维

✽破小旋

一

人们都说，植物是不会有爱情的，更何况是一粒脱离了根系的红豆。

可是我从来都不信。虽然我并不懂什么叫爱情。

我是一棵长过季的红豆树，执拗地想要将红色缠绵到萧瑟的深秋，再挣扎着熬过酷寒的严冬，只因为想再看一季那温润男子眉间的清澈和淡入尘埃的惆怅，再看他骨节分明的纤指拂过我殷红的伤口，再听他独坐林风中弹琴轻啸，吟唱诗句。

可我终敌不过凛冽的霜雪，终在腊月苍老了去，暗淡了艳丽的颜色，一身红装葬入酣眠的深雪。

第一次遇见他，是很久远的事情了，那时我尚是光秃枝丫，是在一片微醺春绿中最丑陋而迟钝的植物，没有光鲜亮丽的颜色，亦无随风招展的柔软，在久旱的骄阳下渴求着难逢的雨露。

彼时，春日杏花吹满楼，一行路过深林的少年衣袂纷飞，笑靥风流。少年心性被春风撩拨得正盛，有的捻几瓣桃花夹入书中，有的折一枝玉兰别在襟间，而他，却看到了角落里孱弱干枯的我，眉心微蹙。

不知是不是错觉，我看到了他清澈眸子中淡淡的担忧。

他拿出他的水囊全部浇下，临了抖抖水囊，滴出最后几滴。

“不知你盛放时会是何等惊艳。”他浅笑着自言自语。

我突然间很惶恐，因为有人说过，我是一棵不会开花的树。那又怎么会有盛放的一天？如果这样，他一定会失望的。可我不想让他失望，我喜欢看他浅浅笑着的样子。

待回过神想仔细琢磨这少年眉眼的时候，他已归到伙伴中去，而那阳光下熠熠生辉的少年们当中，只有他一人手上空空如也，没有花。

第二次遇到他，他已进士及第，而我满身新绿，娇艳欲滴。他卸了官服着一身青衫，抱着七弦古琴，经过我身边，径直走入深林。我努力地伸展枝丫，想要让他看到我，可风儿却不遂我愿，静得如同老僧入定。

我多希望他还记得我，可是他走过我身边，没有停留，也没有一句话，只有衣角带起细碎的尘埃。而后，连尘埃也随着他而去了，一切重归于静谧。

我目不转睛地看着他，他铺展开衣摆，席地而坐，十指如蝴蝶般翩然于古琴之上。风起，衣袖翻飞，如同展翅的白鸟。

那一瞬间我突然很担心他会不会随着风飞走了。

空灵邈远的琴音流转于深林之中，好像连竹叶都随着音律在轻舞，他颔首，眸子轻合，唇角微扬，和眉目相对成柔和的弧度，仿佛日月星辰都纳入胸中，春夏秋冬都流转于他温柔的指尖。

我沉醉于他的琴声，仿佛一切都静谧了。

远处泉水边采莲的姑娘听到琴声，回头寻找弹琴的人。水灵灵的杏目眸光流转，带着探究的目光落到了忘情弹奏的他的眉间。刚好，他抬眼，柔和的视线对上她好奇的目光，一瞬间心中如同炸翻三月飞絮，小鹿跳脱了栅栏，她红了脸，待回过神来才发现手里提着的装满莲藕的竹篮已落入水中。

“哎呀！”她手忙脚乱地惊呼。他无可奈何地笑着摇摇头，下一刻已经放下古琴，跑到了岸边。

“别着急，竹篮给我！”他边说边挽起裤腿，脱了鞋，接过竹篮，跳下水。不一会儿，空空如也的篮子已再次装得满满当当。他递给她竹篮，抹去脸颊的水。

她眯起一双好看的眼睛看着他，递过去两个又大又胖的莲蓬。

他笑着接过莲蓬，抬眸对上她的眼睛。她不好意思地低下头看着自己微湿的鞋面。

“闺女！快回家吃饭了！今天怎么采了这么久？”远处传来老人的声音。

“哎，来了来了。”她边说着边提起篮子转身向声音方向走去。

“还不知道你名字呢。”他向着她背影轻声道，声音如深潭流水。

我看见她回头给了他一个笑容，如同三月初阳那般明媚。连我都觉得极美，心里却有种酸酸的感觉。

在某一个清晨，我惊喜地发现我不再只有翠绿色的叶子，而是长出了满株红豆，原来我真的是一棵不会开花的树。路过的风儿告诉我，满枝的娇艳欲滴的红豆要胜过姹紫嫣红。它说，我的绯红像恋人深情的吻，像缠绵的依恋。

于是，我祈求，在我最美丽的时光里，再遇见他。所以，在万物凋谢的时候，我执拗地成了最后一树红豆。招展在枝头，只为一个等候。

美梦成真。这一次，走到我身前的他牵着她的手。

“我就知道，你一定会给我惊喜。”他指尖轻柔地拂过我的背脊，眸中是我魂牵梦萦的浅笑。

“红豆生南国，春来发几枝。愿君多采撷，此物最相思。”他轻吟。

这是我有生以来听过最美的情话。

原来，他是记得我的。

他轻轻折下我，一枝别在他襟前，一枝放在她手中。

“茗儿，可愿与我偕老？”声音轻柔得像怕惊醒了落花。

她唇角弯起好看的弧度，垂眸点点头，把我别在衣襟。我以为我会嫉妒她，可她身上有淡淡的木兰清香，轻轻柔柔的，有种让人安心的力量。

他倚着满树的红豆，她靠在他怀中，两个人依偎的场景，如同画卷一般。我静静地躺在她怀中，安然而恬适，突然有种想要时间静止下来的感觉。

我知道，我也是喜欢她的。我喜欢他，喜欢他的一切，也喜欢他的她。

那日，我见到了最俊朗的他，他红衣白马，踏过十里红妆，牵起她的手，娶她进门，掀开火红的盖头。

她把小小红豆缝到了两只香囊中，一只留在她身边，一只别在他腰间。此后，我便可以永远陪着他再不分离。

四

我以为，我会随他们一同幸福下去。直到那天，他握着她冰凉的手，吻着她再也不会睁开的眸子，痛哭失声。满堂缟素，他苍白如纸，他的眸子再也没有往日的色彩。

他的眼窝日渐深陷，常常深夜点着烛火呆呆地望着窗外的月亮，拿出香囊怔怔地看。

“红豆哇红豆，你可否为我寄去相思？”他问，又自嘲地摇摇头。

我心疼，我想要安慰他，想要抱着他，想要告诉他：“你还有我，我会永远在你身边。”可是我不会说话，不能动弹，我只是枯萎了的小小红豆。我只能安静地陪在他身边，我恨我自己为什么只是红豆。

时间渐渐消磨了一些东西，他开始一心向禅，他画了很多山水画，写了很多田园山水诗，他作诗无数，却再没有敢碰触过有关她的任何字眼。他没有再娶别人。唯一陪伴他的，是装了早已枯萎的红豆的香囊。

我随着他被贬入狱又提拔右拾遗；随他黄沙大漠，塞上点兵。他始终都是清朗淡然的，即便眉目早已刻满风霜，却仍保有初见时的澄澈。几经沉浮，却又在安史之乱中被迫担任伪官，被囚于菩提寺。那是我第一次见他恸哭，他长啸：“万户伤心生野烟，百僚何日更朝天？”世人只知他从贼为官，却不解他心中的悲痛和无奈，我知他悲痛，却不能分忧。

这首《菩提寺禁，裴迪来相看，说逆贼等凝碧池上作音乐，供奉人等举声，便一时泪下，私成口号诵示裴迪》终究是救了他的命，因诗得宥，终又回归于安宁。百年之后，落笔史册：王维，唐朝著名诗人、画家，字摩诘，号摩诘居士，世称“王右丞”。

我笑史册白纸黑字的苍白无力，却终是不懂自己随他波澜半世的执拗。

人们都说，植物是不会有爱情的，更何况是一粒脱离了根系的红豆。

后来我相信了。我并不懂什么叫爱情。

可是，若有来生，我还是愿意做那颗最后枯萎的红豆，被他摘下，随他海角天涯走完所有的波澜壮阔。

雪落情深处

夜芷

她终于明白，他的一腔深情，早已悉数给予了那个与他相依数年的发妻，终究，她还是来晚了。

白雪镶红墙，碎碎坠琼芳。雾气弥漫在宁静的冬日里，漫天飞雪，如杨花般簌簌飘零，落在了紫禁城的每一处，也于悄无声息间，沁着丝丝凉意，拂过她的眉间心上。

礼部尚书恭阿拉之女钮祜禄氏，名唤绮雪，这日一早便得召进宫，却不想，一道赐婚旨意，片刻间便将她的余生安顿。

走出殿内，在她脑海中尽是方才的情景，乾隆帝满面慈笑，赞她生性温婉，将她许给嘉亲王永琰。纵然那人出自皇室，可这天下，又有哪个女子，能欢欣雀跃地，嫁给一个素未谋面之人？

她遣走了婢女，踩着积雪，独自一人穿过宫墙，神色怅惘间，拾起了前方不知是谁遗落的白玉佩。

“姑娘，这枚玉佩，是我方才掉落的。”一阵柔声传到她耳边，她抬首，只见一男子缓缓走来，白雪纷扬，愈发将他的面孔衬得温润如玉，倏地攫住了她的视线。她看得有些痴了，恍恍惚惚地，将玉佩交还于他，正巧对上了他睛若秋波的一抹笑意，直到一个柔软清澈的声音将她唤醒。

她这才察觉，原来与他同行的，还有一女子，那女子温婉含笑，由婢女搀扶着走来，轻唤了一声王爷，启唇低语："找到便好，时候不早了，皇阿玛还在等着咱们。"他回眸，将玉佩放于女子手心，目光中满是浓情蜜意。

她从未见过那样的眼神，似是在看一株绮丽珍贵的花，那样深情，那样怜惜。

"雪天路滑，你一个小姑娘，还是快些回吧。"他朝她投来笑意，而后，便与那女子执手相依，渐渐远去。她迟迟没有离开，只是觉得，他们成双离去的背影，好似一幅美景粲然的画卷，令她心生向往。

这样的男子，当是万里挑一的吧。

原来他是皇子，只是不知是哪位亲王。她拦住一个扫雪的宫女，欲打听一二，而宫女的回话让她瞬间热泪盈眶。

"回姑娘的话，那位是嘉亲王，他身旁是嫡福晋喜塔腊氏。"

她心下一颤，原来，她所倾慕的男子，正是她未来的夫君，她万分感激上天的眷顾，伸手拭去了喜极而泣的一点清泪。

乾隆五十五年（1790），她在最碧玉芳华的年岁，入潜邸为嘉亲王侧福晋，嫁给了这个大她十六岁的男子。那一刻，她是欢喜的，然而在府中的时日，好似没有她想象中的那样舒心。

她尽心侍奉他，情意绵长，他虽神色温柔，却很少主动寻她。那日她亲手熬了羹汤，如往常一般端进书房，为他送去，她端详着他认真书写的模样，将羹汤轻轻放在桌边，生怕惊扰了他。

察觉到她的到来，他放下笔墨，抬眸看向她，柔声道："雪儿，你年纪小，这些活儿，还是交给下人做吧。"

他在关心她，她本该高兴，不是吗？可在她心中，仍有一丝苦涩在翻涌。这样关心的话语像极了一个长辈或一个兄长，却独独不像是她的丈夫。

每每心凉时，她便宽慰自己，兴许是自己太过在意他，才会这般忧心。她也希望，他给予她的，是真正意义上的夫妻情意。

可直到后来，她亲眼看到他在隆冬腊月的雪天为嫡福晋披上披风，又在春暖花开之际为嫡福晋扬起秋千，秋千荡起二人清脆的笑声，传到她耳中，既是欣然，亦是凄凉。

她终于明白，他的一腔深情，早已悉数给予了那个与他相依数年的发妻，普天之下，天上人间，他从来都只是喜塔腊氏一人的夫君。她也常听府中下人提起，王爷与嫡福晋自成亲时便恩爱逾常，他赠予了嫡福晋不少定情信物，有白玉鸳鸯、脂玉双鹤，包括那个雪天她拾起的玉佩。这些，都是她从不曾拥有，亦不敢奢望的。

她的嘴角泛起酸涩的苦笑，终究，她还是来晚了。

嘉庆元年（1796），他奉旨登上帝位，封喜塔腊氏为皇后。而她，只得到了一个贵妃封号，不过是无数艳丽花枝中的一朵。即便如此，她仍愿将那沁人心脾的芬芳给予他，仍会在他偶然间唤她一声"雪儿"时迎上笑意。她素来与世无争，她只是觉得，能够在宫中日日看到他，为他喜，为他忧，便是她一生中最大的幸事。

都说红颜薄命，在他称帝后的第二年，喜塔腊氏便不幸病殁。她看着他为之伤神，为之落泪，曾经英姿勃发的帝王，在一刹那间骨瘦如柴。她没有借此争宠，她深知，没有任何人可以取代皇后在他心中的位置。

是啊，早在见到他的第一眼，她便该料到的，这般痴情的男子，一旦已将深情付出，那么自己即便穷尽一生，都无法走进他的内心深处。她所能做的，只是给予他最真切的温柔、最舒心的照顾，陪他到沧海桑田、地老天荒。

许是否极泰来，他终于察觉到了他对她的忽视，她日日精心收拾着他为亡妻写下的诗稿，视如己出般照料着喜塔腊氏留下的皇子，终于让他心间泛起了波澜。

这个曾经雪地里含羞带怯的小丫头，是从何时起出落得这般清雅贤淑蕙质兰心的?她将她最好的青春年华都给了他，这些年，他竟从未珍视在意过。

丝丝悔意与怜惜漫上他的心头，她被封为皇贵妃，而后，又被加封为皇后，终于，可以成为一国之母，成了他真正的妻子。

她终于等到了这一天。不管他是出自真情，还是心生愧疚，至少，他终于可以像对待喜塔腊氏那样，执起她的双手，与她相敬如宾，再塑一段帝后和睦的佳话。

随着国事一再繁重，他除了整肃内政，又亲自平定了川楚教乱，镇压了东南匪乱，以及天理教起义。协理后宫的她，听闻喜讯后眉心舒展，一次次为他卓越的政绩感到欢欣。

这是她所深爱的夫君，亦是她最钦慕的帝王。

一个碧空如洗的清晨里，他即将前往热河巡行，如往常一般，她为他整理好衣衫，可不知怎的，这一次，她的心口总有一丝不安缠绕着，总不忍他离去。

他伸手抚过她的发髻，投给她以温柔的目光："雪儿呀，这些年，是朕冷落你了，你安心在宫中等着，待朕回来，陪你一起看雪可好? "

她频频点头，泪水盈在眸中。

抱影无眠的深夜里，她常凝视着窗外的白月光，细数他离去的时日，每逢忆起他临行前的话语，便于嘴角泛起甜笑，她哪里会想到，他竟会在途中遇难毙命。

噩耗传来的那天，她正为他整理书房，那一刹那，恍若晴天霹雳，险些让她昏厥。她迟迟不敢相信，他会这样突然地离她而去，而她，却连最后一眼都未来得及看到。

宫内妃嫔们早已哭作一团，只有她踉跄着走出书房，神思恍惚。没有人知道，这一瞬间，她的世界已是天昏地暗。

纵然她爱了他一辈子，也终没能留住她的夫君。

当秘密立储的遗诏未被寻出时，她断然降旨由喜塔腊氏的嫡子旻宁继位，她深知自己儿子无力承担，也深知这一决策是他所属意，如此，黄泉之下，他也该安心了。

如果说喜塔腊氏是他一生的挚爱，那么她便只是寻常的续弦。但是无妨，寿康宫里，她唯愿带着无尽的思忆，挨过晚年，了此余生。

入冬了，紫禁城又飘起了漫天雪花，一如她初次见到他的那天。她踩着积雪，好似在白雾中又看见了他的身影，她知道，他还欠她一个看雪的承诺，他一定会来陪她看完。

这一次，没有旁人，天地间独剩他与她，她浅笑着向他走去，含羞带露，轻唤一声："夫君。"

钮祜禄氏，孝和睿皇后，清仁宗嘉庆帝的第二任皇后，与嘉庆皇帝相差十六岁，但生性温婉贤淑。嘉庆帝崩后，她没有私心，下懿旨让先皇后的嫡子旻宁继位，无私之举得满朝称赞。

芳仪怨

王抒意

但凡扯上"永久"二字的，几乎都不能永久，故国里的无忧岁月短暂得像一阵烟，都不必惊动风，自个儿就散了。

楔子

冷雨浇窗，珠箔飘灯，秋蛩失了悲语，寂静更添寂静。

晁补之提笔半晌仍是白纸空空，心绪难宁，总想写点什么，可这些年的所见所闻所感纠缠在一起，如一团麻线，一时难以理出一个开头。

忽而珠帘乍动，泠泠而响，似有一女子从那本名为《虏廷杂记》的陈书中款款而来，披一身风雨，蹙一双怨眉，撩开似隐似现的薄纱，对他说："我想给你讲个故事。"

笔墨都是备好了的，她来得恰合时宜。

好，逢此寂寥夜，他晁补之就做这个记录者。

于是他问："敢问姑娘芳名？"

"姓李，名就不说了吧，史海一粟而已，不会有人在意我的名字，"她停顿半刻，眼神飘忽，似在回忆，又像在缅怀，"这个故事该从哪里说起呢？其实很多事我都记不清了，那就，挑些记得的说吧。"

她又梦见了秦淮，花月春风，脂香粉浓，十里灯影晕出多少缠绵悱恻、不可言说的风月逸闻。

其实，她这一生只见过一次秦淮河，初见即是别离，却在离开它的多少年里，频频梦见它的丽影。

听说皇兄写了一首词，词里有句"故国不堪回首月明中"，可她却一次次撕开心底的疮疤，回味秦淮的潮水、钟山的秀树，她的故国、她的故城、她的金陵。

夜尽了，辽衣宫女唤她起身，一声"芳仪"让她从沉湎的梦境中悠悠转醒。多年之前的金陵旧宫，地衣宫锦，香霭弥漫，好像每日初晨，她也是在宫女的低唤中醒来，只是那时，她们唤她公主。

是的，她曾是一个公主，李璟之女，李煜之妹，封号好像叫永宁。永宁永宁，永久安宁，但凡扯上"永久"二字的，几乎都不能永久，故国里的无忧岁月短暂得像一阵烟，都不必惊动风，自个儿就散了。

思及此处，她突然想起了某个春风和煦的日子，那是哪一年春分呢？她记得她穿着藕粉宫裙，提着裙摆奔跑在花木葱茏的园子里，带着几个宫女去放纸鸢。

那天的风温柔极了，也配合极了，她略施薄技便令纸鸢逐晴空而去，宫女们都为她叫好，她听见自己唇角也漾出了银铃般的笑声。

看着纸鸢飞越朱墙，她也暗自祈愿自己有朝一日也能如纸鸢一般离开朱门重锁的深宫。后来她的祈愿真的成真了，她以一个亡国公主的身份离开金陵，跟随兄长北上汴梁，可真到了回望旧宫的那一刻，她又无比希望这一切只是梦幻泡影，她倒宁愿做笼子里的一只金丝雀儿了。

过去的才是梦幻泡影，迎接她的是无限伤心却又无法回避的现实。

时至今日，她仍旧不喜欢汴梁，当然，更不喜欢辽宫。

她是江南的女儿，一身软骨，该浴柳风杏雨，纸伞微倾，遗落一个秋水般的眼波。可金陵春深时，汴梁仍是凄风寂寂，她披上最厚的冬衣，仍抵御不了自心底生起的寒意。

兄长李煜降宋后受封"违命侯"，宋太宗即位后又被改封为"陇西公"，尽管屈辱，但好歹她还是公侯之妹，不至于沦落风尘或为奴为婢，还能堂堂正正地嫁人。

那个男子乍然出现在她的生命里，敲破她心底的深冰，唤醒三十六陂春水。他姓孙，是一名供奉官，也是她新婚的丈夫。

孙郎和她从前见过的所有金陵男儿都不一样，他少了好些文弱气，一身盔甲硬骨铮铮。有时候她会想，若是孙郎和自己的兄长处在同样的境地，必定会以身殉国，不做弯下腰脊的降臣。

那时她只是怀揣着对兄长的怨恨随意瞎想，可在不久的后来，一切空想竟又成真，只是这时她还将一片芳心都系在了那个给她微薄慰藉的男子身上，无暇去想今后何去何从。

“戚里画新蛾”，“轻扇掩红妆”。新婚之日，却扇之后，她与他相视一笑，柔情溢满眼角眉梢。

此后，她存的是天涯海角誓死相随的心思，哪怕他要赶赴宋辽对峙的前线，她也相随相伴，无一怨言。即便偶尔生出零落天涯之感，也有良人以软语宽慰，不许她轻易落泪，并承诺有朝一日定带她回金陵看看。

刀光剑影中，她竟然又觅到了一段难得的安宁岁月。但她忘了，命运从不许她永久安宁。

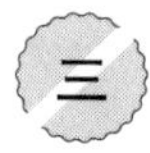

鼙鼓动地、杀声震天，那是她第一次目睹战争。

诗词书本里的字字泣血并不能让这个长在深宫的贵妇知晓战争的真实与惨烈，而这一次，她作为一名亲历者，在烽火、兵戈、鲜血、哀号之中，慌乱得犹如暴雨中的一叶飘萍，除了随波逐流，别无他法。

战鼓既然敲响，将士就该去厮杀。她替丈夫将铠甲擦拭一新，亲手为他戴上盔，丈夫柔声安慰她别怕，说等仗打完了，他就带她回那个让她魂牵梦萦的金陵，他们一起泛舟秦淮之上，听水声欸乃。

她含泪望着眼前的人，这人果真和兄长李煜是不同的，她没有嫁错人。

她伸出手去，最后一次与他的手交握，告诉他只要他平安，即便此生再难回乡，她也甘之如饴。

当年，她的兄长护不了国；如今，她的丈夫也护不了家。

有时候她真的想叩问上天，为何给了她公主的身份，却不肯让她安安稳稳度公主的人生？

可公主的人生本来就是一段披着华美外袍的朽木，每一个公主都有自己的身不由己，她只不过是其中一个而已。

战败的消息不用快马加鞭就传到了她的耳中，伴随而来的还有丈夫以身殉国的消息。那时，她竟连哭也哭不出来，平生第一次懂了什么叫大悲无声。

她还来不及整理好悲恻的心情，又被推向了另一个深渊。

曾经她是大宋的降臣，屈辱地跟随故国大队人马北上汴京；如今她“辱加一等”，从降臣变成了辽军的俘虏。那个贪恋权势与美人的辽国皇帝在战俘中发现了她，为她的容颜所倾倒，甚至没有问过她的意见便将她纳入后宫，封了她做芳仪。

从此以后，世上再无永宁公主，只有李芳仪。

适才有宫人传话来，说大王在前庭设宴，请她去宴上奏一曲琵琶。这便是她如今的处境，以色事人，以歌舞娱人。

“商女不知亡国恨，隔江犹唱后庭花。”她本不愿如此，可时运皆要教她弯下脊梁，她孑然一身无人可托，遂只能强颜欢笑，叩首称是。

宴上觥筹交错，时有笑声盖过她的琵琶声。

她想，其实他们并不在意她弹了什么，弹得如何，只是想唤俘虏以娱乐，来展现大辽的雄威。那些说着辽国话的人是否会谈起她呢？他们知道这个缩在角落里默默抚弦的人曾是一个公主吗？那些笑是不是对她的嘲笑："瞧哇，就是那个弹琵琶的女子，大王新封的芳仪，听说还是个公主，如今还不是对我大辽俯首称臣了吗？"

她抚弦的手顿了顿，悄悄侧过脸去，拭落了两滴辛酸泪。众人仍在饮酒谈笑，没有人发现这段无关紧要的插曲。

宴罢已是夤夜，她回到自己的寝宫，悲绪久久难平，今晚又是一个不眠之夜。

她趴在窗前抬头望去，陌生的楼阁，陌生的土地，面目全非的人，只有满天星斗依旧明澈，她如小时候一般数着星子，仍旧没有数清星有几何，只能独对南箕，再次沉溺于往事。

后来，她为辽主生了个女儿，想起自己新婚后不久，也曾与孙郎闲话过以后生男如何、生女如何，当时的一片温情早已不再，他们之间的缘分到底太浅了，而她这一生劫数却尤其多。

女儿一天天长大，在院里奔跑的样子像极了她小时候，她甚至会恍惚生出错觉，以为自己又回到了童稚时，回到了金陵，她还是那个无忧无虑的永宁公主，李芳仪是谁，她从不认得。可幻梦总会有清醒时，这样深切的悲恸啊，恐怕至死才能消解吧！

有时候，辽宫的宫女会问她，金陵是什么样？秦淮是什么样？

她在旧梦里搜寻很久，却只能寻到一个不甚清明的影子。

于是，她只能将皇兄的词告诉她们，落梅如雪，桃李依依，春染庭芜绿，这也是她梦里的金陵。

而如今的金陵是什么样呢？

"想得玉楼瑶殿影，空照秦淮。"

尾声

"我的故事已经讲完了，你的纸为什么还是空的呢？"女子睫眸轻眨，淡笑看着他。

"我只是，不知道该从何下笔。"他垂首，仍是心绪难宁。

"听说你的诗写得不错，便为我写首诗吧！"她的声音渐渐远了，影也渐渐透明至消失。

他明白，这原是他造的一场幻梦，李芳仪早已仙去，又怎会无端寻他而来，他虚构这一场相逢，只是为了抓住某些灵光，记下些什么：

金陵宫殿春霏微，江南花发鹧鸪飞。
风流国主家千口，十五吹箫粉黛稀。
满堂侍酒皆词客，拭汗争看平叔白。
后庭一曲时事新，挥泪临江悲去国。
……
国亡家破一身存，薄命如云信流转。
芳仪加我名字新，教歌遣舞不由人。
采珠拾翠衣裳好，深红退尽惊胡尘。
阴山射虎边风急，嘈杂琵琶酒阑泣。
……
当时千指渡江来，同苦不知身独哀。
中原骨肉又零落，寄诗黄鹄何当回。
生男自有四方志，女子那知出门事？
君不见李君椎髻泣穷年，丈夫飘泊犹堪怜！

诗成墨干，是为《芳仪怨》。

李芳仪，南唐中主李璟之女，南唐后主李煜之妹。真名失考，陆游的《避暑漫抄》有载其事迹。南唐亡国后，她先嫁供奉官孙某，后为辽圣宗所获，拜为芳仪。本文根据晁补之《芳仪怨》一诗，结合陆游《避暑漫抄》中的记录而作。

尽管不远处已天崩地坼，但此刻，他们只想紧握这一刻的温馨。一个王朝覆灭了，举国悲痛，而一对有情人的生死相离，也教人怜惜。

对坐共流光

✽温如酒

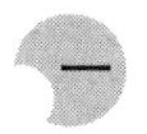

一

“张少华以守兖辞，颜壮其亦至。予草亲友诸札。暇则与内子坐小亭，看落日晚霞。”

崇祯五年（1632）二月二十日，祁彪佳在日记中如是写道。

这日右佥都御史祁彪佳并无公务在身，但为亲友往来之事忙碌，既与登门之友相叙，又与远方亲友互通信札，待得应付完毕，已是日暮。终于落得了闲暇，祁彪佳与妻子商景兰对坐亭间，共看落日晚霞。此情此景，恍若一幅极简的白描图画。小亭四角飞檐翘，下有并肩对坐者夫妻二人，彼此并无言语，只是长望落日如熔，晚霞似醉，眸中落满斑斓五色，而心中灵犀一点，脉脉相通，流光也沾染了几分柔情蜜意。

落日晚霞缠绵久，祁彪佳和商景兰在这无边安恬中，心中何所思？或许会想起缘起时候——年少时，两家已为他们订下了婚约，他出自山阴名门，她生于会稽世家，可谓门当户对。待得他年届十九高头大马来迎，已是举人功名在身，待得她十六从归，朱颜比桃夭，又兼满腹诗书，真是才子佳人，喜酒交杯而两心相许。又或许想起这十年来——他考取了进士，从仕为官，她诞下了二子二女，内外相随，柴米油盐酱醋茶伴着琴棋书画诗酒花，每每两两对坐仍相看不厌。

去年七月，他只身奔赴京师任上，秋叶萧萧冬雪落，对她的思念长此堆积，颇为煎熬。某日友人来晤，祁彪佳道起自己入冬以来夜多难寐，友人解慰他，旁有美婢自可召唤，何至寞索至此。祁彪佳漫不经心地回应，自己并非渔色者，且不愿伤害与妻子的情分。官宦富贵之家声色犬马者何其多，而他与她之间再无第三者，以心心相印修得一生一世一双人。

这月十一日，祁彪佳听到仆人来报，妻子“单车疾骑而来，已抵近郊”，他“惊喜过望，乃以班役迎之”。待得见了妻子，心上慰藉之余，祁彪佳又不免怜惜她长途跋涉，太过辛苦。思及初为官那年，她随他行舟赴任，途中，疾风骤雨挟着冰雹而来，将行人打落水中，他们艰难历尽，才幸得无恙。而她此次独自行路，又不知是怎样的风尘仆仆。

行旅虽则辛苦，终归好过山水相隔。她如何情愿长居庭院中，日日相思，虚度四时光景，消得人比黄花瘦，吟诵那些闺怨之句。正如此时，与他对坐黄昏，便免念“香霏霏，泪凄凄，坐看西山虹影低”。

祁彪佳二十岁题名金榜，谒选授任福建兴化府推官，为官数载，他殷勤为治，亦有所建树。但祁彪佳于仕途并无多少热忱，比起在仕途这个热闹场中钻研，他更想在山水园林的清凉地中酬觞赋诗，且母亲年至古稀，亟待他奉养尽孝。

崇祯七年（1634）起，他便多次上书请辞，但皆不得应允，直到崇祯八年（1635），他以病请归，去意甚为坚决，才终于得偿所愿。而后，“半肩行李，翩然就道”。

祁家居于山阴道上，此间山水久负美名，王献之有语：“从山阴道上行，山川自相映发，使人应接不暇。”祁家三里外有一小山，名曰寓山，原是两位兄长所经营，如今已遭弃掷荒芜，祁彪佳见此，遂起修园之意。

如今闲居家中，祁彪佳却更为繁忙。先是，他雇一船与妻子同至杭州，从断桥到孤山，遍看各家园林，将途中山水、园林景致点滴移于胸中，勾画寓园他日的图景。祁彪佳与张岱既为亲戚，亦是好友，张岱是个懂情致的，他的园子，祁彪佳自不会错过，游赏之余且讨教一二。其后，祁彪佳几乎日日到寓山去，或一人独往，或与妻子同至。督工匠叠山理水，或亲自种花植树，他们一点点将荒芜变作景致。

崇祯九年（1636），历经四季经营，寓园已初具规模，可供祁家老小怡然自乐，也许祁彪佳夫妻恬然相守。二月初二，祁彪佳“与内子闲坐朝来阁，雨后山色，青翠袭人。不觉抚掌称快”。这仍如一幅写意画卷，近景为夫妻二人闲坐阁中，远景是雨后山色，将夫妻深情久久定格。

祁彪佳原只想筑屋三五楹，不想修园成癖，几年辛苦经营，终使寓园蔚为大观。开园之日，祁彪佳致书宾朋前来游园，中有张岱和陈子龙等名士，宴饮题咏，好不热闹。商景兰时常邀才媛游园唱和，亦在寓园寻得自己的一份热闹。

而热闹散去，夫妻二人又在此共叙那长久的恬静。梅坡、松径、竹陌、樱桃林、芙蓉渡，四时好景，流连不倦；水明廊、通霞台、妙赏亭，处处成景，相依共赏；八求楼中藏书数万，读易居里书声不绝，温养着他们的诗书情致。他们在这一方小天地里安置情怀与日子。

山水丰瘦，草木荣枯，倏忽八年过去。祁彪佳多想就此寄身寓园，安度余生。但崇祯十五年（1642），母丧服除后，他即被起复为河南道御史，只身赴任，而后时起故乡与亲人之思。

第二年祁彪佳履职南方，商景兰此次束装随他赴任，可他们不知道，遥远的紫禁城里，崇祯皇帝已经自缢煤山。四月二十五日祁彪佳仍听闻“神京无恙”，二十七日到了淳化，却从南京来人口中得知事实。

先前尚且恋恋林居生活的祁彪佳毅然入了南京，与史可法等官员商定迎立藩王朱由崧，重整社稷。而匆忙之际，细心安顿妻子于正阳门外民家中，此后见一面尚且无暇，遑论如曾经那般对坐看夕阳与山色。

祁彪佳在苏州、松江诸府巡抚任上，安抚民生，整顿防务，平定兵乱，心力耗竭已极。然大厦将倾，虽有神力而不可扭转乾坤，清军步步紧逼，而南明新帝不堪大任，朝臣内斗，祁彪佳只觉疲惫。商景兰心疼他的处境，也看清了这局势，多次劝他脱身而去。十二月，祁彪佳与商景兰最终再次回到了寓园，生活重归于安恬。

弘光元年（1645）正月初一日，祁彪佳同内子及儿女礼拜了祖先，又敬了土神，将新春的一切礼仪忙碌完毕已是午后，祁彪佳偷得闲来，“与内子闲坐梅花船”。话语间带着恬然，尽管不远处已天崩地坼，但此刻，他们只想紧握这一刻的温馨。

五月，清军踏入南京，继而，江南步步沦陷。风雨来袭，寓园这处避难所的安适随之消失。祁彪佳本打算做一个隐世遗民，然而清廷的聘书猝然送到他的面前，他假作应承，又作书推辞，皆不可行。清军仍要求他出山，家中叔侄等也劝他出面，“舒亲族之祸”。

祁彪佳知道自己必须做出选择了，那是闰六月初六五更，他留下五封遗书，致宗庙、致叔婶、致兄弟、致妻子、致儿子，尽述自己的不得已及身后之事，而后自沉于寓园梅花阁前的水池。

自与贤妻结发之后，未尝有一恶语相加，即仰事俯育，莫不和蔼周详。如汝贤淑，真世所罕有也。我不幸值此变故，致于分手，实为痛心，但为臣尽忠，不得不尔……贤妻闻我自决，必甚惊忧……切须节哀忍痛，乃为善体我心也。世缘有尽，相见不远，临别缱绻，夫彪佳书付贤妻商夫人。

为免妻子悲恸，祁彪佳在《别妻室书》中勉力自持，字字句句将她宽慰，愿她敛哀痛，余生欢。

一个王朝覆灭了，举国悲痛，而一对有情人的生死相离，也教人怜惜。从此那亭中、阁间、船里再没有了令人艳羡的一双背影。商景兰如祁彪佳所愿，坚忍着生活，保全他们的儿女，守着他们营造的寓园。

商景兰作诗《悼亡》：

公自垂千古，吾犹恋一生。
君臣原大节，儿女亦人情。
折槛生前事，遗碑死后名。
存亡虽异路，贞白本相成。

他为他的忠臣大义而死，她为她的儿女人情而生，夫妻分行两路，终会殊途同归。

只是，寓园好景仍在，再无他同看了。但是，如他所言，“世缘有尽，相见不远”。

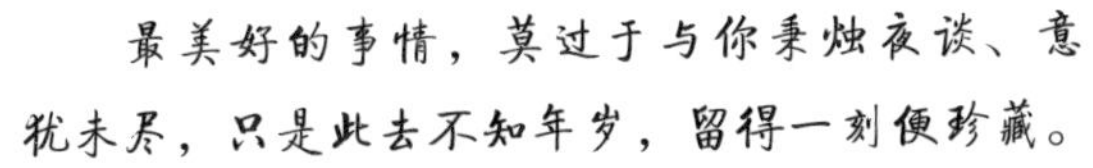
最美好的事情，莫过于与你秉烛夜谈、意犹未尽，只是此去不知年岁，留得一刻便珍藏。

榴香万里去，相思锦字中

✽叶云客

若是注定天涯相隔，还能否无悔最初的选择?

她的父亲黄珂是工部尚书，母亲聂氏是县尉的女儿，一家人在京城过着平静的日子。母亲知书识礼、严于家教，她从小便勤于学问、博览群书，不论是诗文书法还是词曲操琴，都来自母亲的言传身教。闺中时日长，聊以诗句度春光，她的才思敏捷，被长辈们称赞“堪比东汉女才子班昭”。

她是黄峨，“蜀中四大才女”之一，而她的丈夫则是位列“明代三大才子”之首的杨慎。

黄峨初识杨慎，是在他高中状元的时候，她十三岁，他二十三岁。那年，父亲巡抚延绥，边镇战事频仍，她和家人一起留在京城。和风拂人的时节，她接到了父亲的捷报，还有杨慎的拜帖。杨慎的父亲是首辅杨廷和，与黄珂共事多年。而黄峨，自此便记下了杨慎这个名字。

眼见女儿已到及笄之年，求亲的人络绎不绝，黄珂也十分着急，谁料黄峨每次都是一句：“若选夫君，当如杨慎才高八斗。”纵然世间才子许多，可如杨慎一般的怕也没几个，黄珂不是不知晓，又奈何不了自己的女儿，只能暗自焦虑。朝堂之上云谲波诡，年迈的黄珂辞了官，带着家人回到故乡遂宁。

京城数年，总是离情难断，一番眷恋付诸曲词琴弦，黄峨一首《玉堂客》解了思念，在京城传了才名，杨慎也被她的才情所吸引。相互欣赏的人，从来无所谓千里之远，寥寥数字，便是灵魂上的契合。

入仕六年，虽忧国忧民，却徒劳无功，

任谁都不免失落失望，杨慎亦如是。他称病回到故乡新都，聊以读书度日。不久，原配王氏也病故。

经年孤影落寞，杨慎陡然想起了黄峨，她的平仄句读、她的温婉柔情，他难以忘怀。才女待字闺中，自有才子来求，未曾谋面已然郎情妾意，杨慎明媒正娶，黄峨终遂心愿。

他们的婚礼，盛大轰动，如此完美。那天人们争先恐后来到她的彩轿前，只为一睹“尚书女儿知府妹，宰相媳妇状元妻”的风姿。

榴阁三年，桂湖粼粼，红榴怒放飘香，陶醉当时情景，最美不如携手同游。

木樨馨香醉人，却醉不了心底最热切的期待。杨廷和一封家书，催促儿子回京复官，黄峨没有怨愤更没有犹豫，耐心劝说并陪同丈夫一起赴京。杨慎做了经筵讲官，给皇帝讲书，又参与修撰《武宗实录》。他的胸怀壮志，他的仗义执言，他的无所畏惧，愈来愈靠近曾经的憧憬，却不想已失欢于皇帝、结怨于权奸，埋下了深深的祸根。

那是一场旷日持久的拉锯战，明世宗和大臣，在长达十八年“大礼议”的你来我往中博弈，而杨慎在第一场就惨遭淘汰，被充军云南永昌卫。

担惊受怕的黄峨在得知丈夫的消息后，顾不上悲伤忧愤，收拾行李，带上仆人，一路追随到渡口。萧瑟秋风今又起，无边木叶晚来扬，黄峨终于见到了自己的丈夫，暗红囚衣、沉重枷锁、遍体鳞伤，一别十余日，竟是天翻地覆。

京城到云南，秋意早已尽，冬雪正酣时，江陵渡口，戴罪之人不能携家眷至戍所，黄峨已无法再陪同丈夫。想到前方崎岖山水，杨慎强忍心中痛楚劝妻子沿江回蜀。他们永远忘不了那一天，执手相看，泪眼婆娑。

杨慎低语:“佳期在何许，别恨转难平。”

黄峨和泪相酬：“当时也割不断那样恩情，今日个打迭起这般凄楚。”

谁也不曾料到，这一别，竟是三十年。

一次离别，两处黯然销魂，三叠阳关唱不尽，四时长相思，五更枕泪辗转眠，六艺笑谈无人应，七夕茕茕望秋拜玉轮，八月独嗅木樨香,九曲愁肠转不尽,十里长亭入梦来。

没有他的日子，她坚强如斯，柔弱的肩膀上是一家老小,紧闭的心扉里是天涯郎君。写不尽的悲愤相思，随写随毁，只愿独自承受，不期他人见之。

两年后，杨廷和病重，杨慎回家探视，不久父亲病愈，他再回滇南，黄峨也一同赴戍所。三年间，他们共历天灾人祸，饱尝流放艰辛，讲学孜孜不倦，清苦却日夜相伴。

三年后，杨廷和去世，他们回新都治丧，此事一了，杨慎继续服刑，与黄峨千里相望，再难见面。

明世宗恨极了杨氏父子，六次大赦偏偏不赦他，六十岁时“以子代役”未能实现，七十岁时按律归休却被四名指挥抓回云南。半年多后杨慎就在戍所悲愤死去。

花甲之年、体弱多病的黄峨，十分冷静地接受了丈夫的死讯，徒步赴云南奔丧。在灵柩前，她作文祭夫，痛哭流涕。回到新都，黄峨没有听从众人厚葬的建议，而是极其简单地装殓丈夫。不出所料，明世宗派人检视，看到身穿戍卒衣帽的杨慎才罢休而去。八年后，明穆宗登基，杨慎终于被复官追封。

丈夫去世十年后，黄峨追随而去。生同心，死同穴，天涯相望，两处销魂。当年桂湖，红榴飘香，不辞万里滇南去，锦字书中谱相思，尺素一展犹君面，举杯对月影成双。

若是注定与你相遇，天涯抑或咫尺，又有何妨?

长相思，不知悔

✿九歌

海棠似纷纷泪雨，落地成泥。时光如梭，十年在她的等待中一晃而过。可她想见的人却是再不会出现了。

一

海棠含苞，嫩柳吐绿，逢着晴好的天。

烟柳巷，满是脂粉味儿，这是张方平第一次来这种地方，全身都透着拒绝。

“世间居然有你等不解风情的憨货。”同伴王素见他憨怯如牛，不住摇头。

楼内笙歌交织，各种调子混在一起，糅成了嘈杂的噪声，张方平头痛欲裂，赶忙去了楼阁的后院。

后院景色别致，如赤珠般的海棠花苞散落在乌黑的枝丫上，处处生辉。

树下立着一女子，眸中含着些微落寞，轻风悠悠而来，吹着她鬓边的垂发，似画中仙。

“给官爷请安。”女子瞧见了他，抽出手绢，欠了身。

“啊？安……都安。”他方才瞧着瞧着，竟着了迷，听到声音才缓过神，一时想不出如何回应这声音，只好一通拙语。

她掩唇而笑，风吹着她手中的绢帕，飘来阵阵芳香：“奴家陈凤仪。”

“鄙人张方平。”

遇到她，当真懂得何为如痴如醉。

二

“雨细池塘静，风斜院落深。蝶飞随乱絮，莺啭入浓阴。翠带堪纫佩，金丝可度针。愿依菩萨手，不上美人簪。”后来，在踏入陈凤仪的女阁时，张方平不禁脱口诵出。

“大人止步，莫再靠近！”陈凤仪坐在铜镜前，出言相拒。

“为何？”听她语调中带着伤感，张方平深感担忧。

她撩帘而出，面上却附了纱，半遮住脸，只露出杏眼。

“你瞧。”陈凤仪小心翼翼摘下面纱，示出两颊的红色疹子，“容颜至此，张郎可会嫌厌？”她忙又遮纱，垂下睫。

“不管何貌何态，于我而言，无人可及，亦你是独一。”张方平郑重其事，说罢便拥她入怀，将一海棠花的簪子饰于她的乌发之上。

“愿依菩萨手，不上美人簪”，此生即便为美人上簪，也只会是她一人的独享。

天有朗日，亦洒阴雨。

张方平为官高尚，性情谨慎，论建有功，在蜀地益州数载，廉政不阿，为朝廷所看重，宋神宗下旨召他为参政知事，位同副职宰相。

大宋律法明令禁止官员私自纳妓。他想过留下她，只是陈凤仪不愿爱人为了儿女情长自断仕途。

离别时，陈凤仪静俯于他的膝上，他们心知肚明，这一别后再相见许是奢望。

“蜀江春色浓如雾。拥双旌归去。海棠也似别君难，一点点、啼红雨。此去马蹄何处。沙堤新路。禁林赐宴赏花时，还忆著、西楼否。”

她看到蜀江两岸的美好景色如雾气一般，簇拥着他的仪仗车队。

陈凤仪知道，车队的经途必是专为宰相而铺的沙面大道，亦是隔断他们的滔滔银河，待到都城，皇家园林的酒也定是天下第一醇香，她真怕他醉醒后便再也记不得她。

万幸的是，她遇到的不是薄幸人。

自离别后，张方平念她如狂，时常书信寄思，她甚感真情，将一封封信笺收入香椟，放于枕边，就好似他在身旁。

半载时光如流星划过，不留痕迹。

勒马声响在楼外，伴着阁外一声“官爷来了”，陈凤仪喜出望外，顾不得收拾便翘首以望，可走上楼阶的男人不是他，而是曾带他第一次走进这烟柳巷的王素。

王素挥手撵走旁人，板着脸厉目而视：“一介官妓，竟也想着飞去枝头做凤凰。”王素渐渐逼近，将张方平写给她的信全数夺去，在她的面前——焚毁。

“可是他的意思？”她捧着灰烬，双泪泛滥。

“若真的在意他，便不要毁了他的前程，你且好自为之。”王素拂袖离去，还顺走了那枚她视之如命的海棠花簪子。

陈凤仪心如死灰，此后便避世隐居，青楼也对外称她已离世。

“那女子在你走后不久便患了重疾，待我到时她早已去世。”京都开封，张方平听到王素的谎言，痛彻心扉，将那枚海棠簪捂在胸前追忆昔时。

不知悔，无怨无悔。爱无错，错在时与命。

十载春秋，改变了万事万物，却没能消减掉陈凤仪心中一分一毫的思恋。

本想再等一回海棠花开，可冬日如刺。雪落时刻，她终是垂下眼帘，永远睡去。

又逢春时，京都的海棠早早开了，张方平身旁的人皆赞那并蒂海棠如美人含笑，可他却觉得，蜀地青楼后院的海棠才是世间最美的。

他时常梦到那年她在那海棠树下笑他的憨痴，她手中绣着鸳鸯的绢帕飘来阵阵海棠香。

只是，她已不在了。

张方平，字安道，北宋大臣，景祐元年（1034），中茂才异等科，任昆山县知县。后历任知谏院、知制诰、翰林学士等。据载，在张方平任成都太守期间与陈凤仪有过一段恋情。后张方平被朝廷召回，二人无奈离别。经年后，张方平位列尚书，为避小人陷害，由王素找到陈凤仪讨要二人信件，尽数毁去。

渡口《桃叶歌》，唱与何人听

霜见

《桃叶歌》的佳话传遍江南，人人都说王献之笃爱于我。我被写进无数才子佳人的诗篇里，甚至传入宫廷。可世人总是愚昧，不知原委……

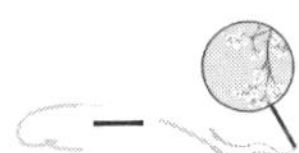

一

秦淮灯影，南浦桥边。东晋升平四年（360），乌衣巷中的王家正在操办一场婚宴。意气风发的少年郎穿着喜服，接受众人的祝福。父亲对我讲："桃叶你看，这就是书圣之子——王献之。"

那年我才十岁，同父亲一道在南浦桥边卖扇。若不是这日王家喜宴，父亲也不会舍得放下摊位，带我去看热闹。

此时王家府邸外人烟如海，少年郎翻身下马，亲自去迎喜轿里的新娘。

新娘以扇遮面，但她金灿灿的发冠仍然十分耀眼。我听说过她，她是高平郗氏的女儿，也是王献之的表姐，名叫郗道茂。

隔着那面团扇，我看不到她的脸。可从王献之的眼中，我依稀可以猜到扇子后面的绝世容颜。王献之很在意她，跨门槛时，他竟亲自为她提起裙摆。

高堂之上，两姓联姻。王羲之和妻子郗璿坐在堂上，笑意盈盈地受了夫妇二人的跪拜。许多挂鞭炮同时点燃，一派热闹之景下，是他们二人崭新的未来。

坊间都传，王献之与妻子恩爱非常，堪称佳话。但这些与我无关，我仍旧日复一日在桥边卖扇。

或许，上苍有意让我见证更多与他们有关的片段。半年后，乞巧节，父亲被友人唤去喝酒，留我一人叫卖团扇。我百无聊赖地靠在桥边，观察着来来往往的行人，直到一件藕色的裙摆，立在了我的面前。

我抬眼，只见一位仪态万方的美妇人，俯身问我这柄白团扇怎么卖。

我慌了神，结结巴巴地回道："五文钱。"

妇人笑了笑，刚要付钱，就见一位白衣郎君握住了妇人的手。

那位郎君我曾见过，当年，他就是这样含情脉脉地牵起了他的新娘。

我的目光不禁又回到了妇人身上，只见她嘴角带笑，一双杏核眼里充满了爱意。

原来她就是郗道茂哇！我一时间有些呆住了，竟没看到王献之递来的银两。

郗道茂笑了笑，用手指刮了下我的鼻尖："小妹妹，怎么不收钱哪？"

我这才慌忙去接银两。王献之给得太多，我翻了半天才凑齐找他的零钱。但此时王献之已牵着郗道茂走远了，我跑了一段路，才追上二人。

此时空中燃起烟火，秦淮河上游船如织。我看到王献之和郗道茂并肩立在南浦渡口，郗道茂指着天空的烟火，不知在说些什么。

我没有打破这一刻，只择了一旁的石头坐下，也随众人一般抬头望着天空。

那天的烟火分外好看，烟火下的有情人，许愿着岁岁年年。

烟火散去，二人才回过头。我忙追过去，将准备好的零钱递给王献之。

他迟疑了一下，似乎已忘记了我是谁。幸而郗道茂开口："是你呀！刚刚卖扇的小妹妹。"

我点点头，但最终，二人也没有收下我准备好的零钱。

王献之牵着郗道茂又回到了我的摊位，他从旁边买来一支毛笔，蘸着墨水，画下了一株桃花。

我的心忽然漏跳了一拍，他如何得知我名桃叶?

但画好后，他却将扇子递给了郗道茂："如何？"

"像极了咱们庭院的那棵桃树！"

我松了一口气，原来他画桃花并不为我。

但王献之并未将那柄团扇带走，而是放在我的摊位上，牵起妻子离开。

街市上灯火辉煌，两道倩影慢慢消失在人海之中。

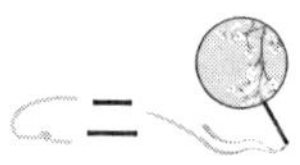

二

再度得知二人的消息时，年岁已过一冬。那年，王家添丁，合家庆贺，尽管郗道茂所生的只是一个女儿，但全家依然很重视。王献之亲自为她起名玉润，王羲之还为这位孙女题字一幅，挂在了她的床头。

只是，这样的重视，也没能阻止这个新生命的离去。玉润出生不久便疾病缠身，王羲之着急不已，甚至自我忏悔，责怪自己没有克己慎行，才会导致孙女一病不起。然而最终，举家的祈祷还是没能留住玉润，她的夭折，也一并压垮了王羲之。

升平五年（361），王羲之离世。王家挂满素缟，王献之带着郗道茂回到了剡县守丧三年。这三年里，建康城风云变幻，曾经鼎盛一时的琅邪王氏和高平郗氏都走起了下坡路。可王献之三年间不问世事，只是每日坐在剡溪岸边，侍弄着王羲之最爱的那群白鹅。

失落之时，郗道茂总静静地坐在他旁边，二人什么也不说，直至日光西斜。

我没想到，自己还会有机会见到那位名重一时的世家子。

十年后，简文帝司马昱登基，王献之被一纸诏令叫进宫中。这道诏令，是要求王献之休妻，迎娶公主司马道福。

我生于坊间，得到这个消息并不困难。但听见这一消息时，我却有些激动，失手将父亲新制的团扇掉在了地上。

我隐约觉得，王献之不会接受这样的安排。

果然，他从宫中回来后三天，王家传出了王献之炙足的消息。他为了不娶公主，亲手用艾草烫伤了自己的双脚。残疾之士，是无法与皇家结亲的。他以为这样做，就能留住他的爱人。

但圣上因此大怒，公主哭哭啼啼还是要嫁于王献之，皇权的压迫下，他最终递出了那纸休书。

郗道茂离开的那个晚上，王家寂然无声，烛火都不明朗。侍女推开府门，她一袭素衣迈出了王家的大门。

走下台阶后，她回头望了一眼。我看到门里闪过一抹白色的影子，郗道茂眼中落下了一滴泪。

那是王献之在送她。

郗道茂回过头来，看到了站在不远处的我。此时她已忘记我是谁，可看到我时，她还是露出了友善的眼神。

我将十年前，王献之画的那柄团扇递给她。她怔了一下，随即露出一抹苦笑："原来，你已经长这么大了。"

我没有说话，看着她将手上的玉镯褪下，塞进了我的手中："扇子烦请你替我保存着。"

我不肯收下镯子，但郗道茂却执意将它戴在了我的手上："就当留个念想。"

当时我们都不知道，原来，这竟是我们最后一次见面了。

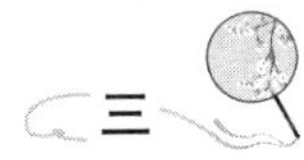

三

半年后，郗道茂离世的消息传来。而我仍在秦淮河畔，日复一日卖着我的团扇。父亲于一月前去世，我拿出所有钱财才勉强埋葬了他。如今，父亲留给我的，就只剩下这个团扇摊。

我仍然旁观着建康城的朝朝暮暮。我听闻，王献之在迎娶公主后，夜夜不肯回家，流连于烟花巷陌。每当他喝得酩酊大醉时，他就会喃喃自语着一句话："虽奉对积年，可以为尽日之欢。"

我起先不懂，可后来却明白，原来这是他写给郗道茂的信。

终于有一天，他途经我的摊位。看到摊位正中央放着一柄桃花团扇。他停住脚步，拿起了那柄扇子。

我从他探索的目光里得知，他早已不记得我。可他能够辨认出，这扇面所画的，是他庭院里的那株桃树。

他默默低下头，茫然间看到了我手上的玉镯。他忽然如梦初醒，抓住我的手腕，大声呼喊着："阿姊！阿姊回来了！"

我慌忙挣脱："郎君认错人了。"

可他却不愿撒手："这是阿姊的镯子！你不是阿姊，你是谁？"

我第一次，对他说我的名字："奴家名唤桃叶。"

"桃叶，桃叶。"这一瞬间，他失魂落魄，踉跄了两步后，又转头看向了我。

"桃叶，你认得我阿姊吗？"

我鼻头一酸，重重地点点头，我将那个晚上的遇见悉数讲给他听。

而这一刻，王献之尘封已久的心忽然被人打开，他双眼流着泪，双手颤抖着拿起了那柄团扇。

"桃叶，你有家吗？"

我摇摇头。

"那你，能不能和我回家？"

次日，王家多了一名妾室，名唤桃叶。从我进府以后，王献之不再流连烟花巷陌，而是夜夜留在我的房间。

可他们不知道，每个夜晚，王献之都只是坐在书桌前，画一株又一株的桃花。

"阿姊最爱桃花了，每年暮春时节，她都会为我做桃花粥。"

这时，我才明白，庭中的那棵桃树，原是为她而栽。

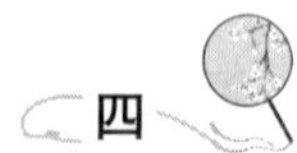

四

王家的生活并没让我忘记我的过去。每年清明，我都会渡过秦淮河，到河对岸祭奠父亲。

秦淮河的水很急，渡口处，我怕得不敢上船。那时候，王献之就会亲自扶我上去，看着我离开，再接我归来。

有一日黄昏，他立在渡口处，望到我的身影后，忽然高声唱道："桃叶复桃叶，渡江不用楫。但渡无所苦，我自迎接汝。"

可唱到最后，我听出了他语调里的哽咽。他好像在透过我，看向谁？

我冲他招招手，郗道茂送我的那只玉镯落在柔和的暮光里。

船靠岸时，王献之向我伸出了手，他忽然道："阿姊，你回来了！"

原来，他又一次认错了我。

《桃叶歌》的佳话传遍江南，人人都说王献之笃爱于我。我被写进无数才子佳人的诗篇里，甚至传入宫廷。

可世人总是愚昧，不知原委。

我有时也会害怕，那位哭着喊着要嫁给王献之的公主司马道福，会不会恨我？

可我想多了。一日，我与她相遇，她只是好奇地打量我一通，然后低下了眼眸。

"原来，真的很像她。"

像谁？大抵就是王献之那位早逝的发妻。而我的半生，都在做她的倒影。

太元十一年（386）冬，王献之病重。我和司马道福一起守在床边，听他忏悔："不觉有余事，唯忆与郗家离婚。"

司马道福落下一滴泪，而我苦笑一声，走出了王家深深的庭院。

南浦渡口此时已换了天地，因王献之的那首《桃叶歌》，附庸风雅的士子将"桃渡临流"四字重重地刻在了石碑之上。我抚摸过字迹，又望向湍急的秦淮河，最终闭上双目，跳了下去。

"桃叶复桃叶，渡江不待橹。风波了无常，没命江南渡。"

西楼别序

笔下端砚无眠意，
寻山海作诗篇

这般良夜最宜游

✽王抒意

夜凉如水可堪游，这般良夜最宜游，且随他，夜游去。

一

漆夜偷换天光，点微灯、对暗室，孤人孤枕孤衾，遍体寒凉，怅恨无限，又是一个不眠夜。“生年不满百，常怀千岁忧。昼短苦夜长，何不秉烛游？”

春夜宜游，李白与堂弟会桃花之芳园，“开琼筵以坐花，飞羽觞而醉月”。浮生若梦，欢愉尽在一觞一盏、咏歌清谈之间。

夏夜宜游，柳宗元苦热登西楼，远望“山泽凝暑气，星汉湛光辉”，凭栏彷徨时，将疑问诉与北斗：“酷热几时清？天下几时清？”

秋夜宜游，陆游于残夜将晓之际出篱门纳凉，银汉西坠、邻鸡时鸣，将曙未曙。是年中原陷落金人之手已过六十载，沉疴消壮志，岁月老雄心，平生怆然尽归此秋。

冬夜宜游，李频雪夜入山中访友，叶寒欲凋、泉冻落迟。他说“相访不相思”，可此夜既去后，重来未有期，怎能不相思？

夜游是为赏景，是为纳凉，是为消愁，是为访友……同游生趣意，独游有幽情。夜凉如水可堪游，这般良夜最宜游，且随他，夜游去。

二

唐玄宗开元某年，近腊月下，辋川，景气和畅。

感配寺的斋菜一如既往地可口，王维与寺中住持用罢斋饭，已是暮色苍茫、斜月初上。今次不想再与僧人谈论佛道、共参禅机，遂信步向旧居蓝田夜游去。

一路向北涉过灞水，正逢月色清朗，远映城郭。就着这月色登上华子冈，入目便是“辋水沦涟，与月上下；寒山远火，明灭林外”。山中幽静非常，不必侧耳便可闻“深巷寒犬，吠声如豹；村墟夜舂，复与疏钟相间”。他随意寻了块山石静坐于此，身边仆童亦静默无言，突然想起从前与秀才裴迪在蓝田逼仄的小径上携手赋诗，一路吟咏至清溪边的情景。

王维与裴迪的缘分，不知该从何说起。他长裴迪十五岁，初相识时，年逾四旬的王维已经是声名远播的大诗人，而未及而立之年的裴迪只是一介小小秀才。尽管身份有别，两人之间却有了几分“白首如新，倾盖如故”的情感。

在官场上遭受的挫折打击使王维逐渐心灰意冷，遂购置辋川别墅，试图以山水田园风光一慰心中郁结。裴迪是辋川别墅的常客，两人定然也有过月下同游的好时候。近日来裴迪忙于温习经书，无暇来游，少了挚友相伴，这一场夜游稍显可惜。不过，新春将至，待到春来，草木蔵蕤，麦垄初发，轻鲦、白鸥皆可远观，此时再邀约同游，想必会更有趣味吧！

这封春日邀约，被王维写成《山中与裴秀才迪书》，托运载黄檗出山的人交与裴迪。裴迪本也是个天机清妙、颇有闲情的人，不知他拆开这封诚意满满的手书，会不会为没能与王维一同夜游而感到遗憾呢？

幸而王维已将夜游之所见所闻所感悉数记下送达。见了这书，就如见了那人；读了此文，就当在文字里夜游了一番吧！至于那春日的约会，裴迪当然不会狠心婉拒，等待了一个寒冬，他早已按捺不住相见同游的心思，昼也好，夜也好，春山可望，定赴一游。

三

宋神宗元丰六年（1083）十月十二日，黄州，夜阑人静。

乌台诗案的疮疤仍在苏轼心里隐隐作痛，闭眼冥思，御史台柏树上的数千野鸦仿佛仍在眼前盘旋，久久不去。劫后余生，本该庆幸庆幸再庆幸，可思及往昔，意气风发、仰天大笑，再念及将来，迷雾重锁、前路叵测，心绪总难宁。这跌宕人生啊，像是真应了当年他写给弟弟苏辙的和诗中的这句“人生到处知何似，应似飞鸿踏雪泥”呀！

黄州，这座小小的城里，到底藏了多少失意的人呢？被贬至此已过三年，做个不得签署公事、有职无权的闲官也已三年。这三年间，他写过《定风波》，也写过《浣溪沙》，听过“穿林打叶声”，也看过“兰芽短浸溪”，本以为自己已经足够豁达，可触及心底的疮疤时，苦闷仍会随之而来。

多思无益，不如解衣睡去，可偏有一泓月色，悄然穿过门扉，入了未眠人的眼。这样的月色弥足珍贵，这样的夜亦是弥足珍贵，无丝竹乱耳，无案牍劳形，唯有一无事闲人，天时地利人和，怎可早早睡去？趁月夜游，或可一解心中苦闷。

独游未免孤寂，总该另有一人，以步履之声相和，才可为这清旷之夜消些寂寥感。

承天寺！对，张怀民寓居的承天寺！目的地已经有了，同游之人也已有了，不必秉烛，便以月色为灯，就此出发吧！

行至承天寺，张怀民亦未就寝，不知是否也和他一样，因为心中积蓄的失意难以排遣而久久难眠。他和张怀民是同病相怜之人，两人皆是被贬至黄州，自然会生出惺惺相惜之情。张怀民是个心胸坦然的人，公务之暇，常以山水怡情悦性，是今夜最好的旅伴。

两人一同在庭院中散步，“庭下如积水空明，水中藻、荇交横”，原来是竹子和松柏的影子。月色本不难见，竹柏亦算寻常，年年岁岁、时时处处皆可观之赏之，可像此时此刻的他们一样的人总是少的。普天之下，庸常者众，为权名汲汲营营，为黄白劳碌奔走，多少人仓皇走过一生，总忘了抬头看看月亮。

这一次乘兴而起的短暂夜游被苏轼写作《记承天寺夜游》。这篇正文短短八十五字的游记，多为记叙，少有抒情，可字里行间，总能读出苏轼“敛收平生心”“我适物自闲”的恬淡豁然，夜游之乐，便在于此。

四

公元1912年7月，杭州，残暑未消，秋叶将坠。

李叔同在高楼寂坐六日，沐尽秋风，百无聊赖之下，便邀了姜丹书、夏丏尊二人，夜游西湖去。

将将到西湖边时，残霞还未褪尽，数峰无语立斜阳，教那彤云一晕，远山也披了霞衣，甚是可爱。夜色渐阑，游者散去，竟有流萤闪烁于丛林之中，湖岸清风徐来，偷撩起他们的轻裾。此时才真算是秋高气爽了。

泛舟至湖中某亭，备好茶具，今夜不需从有盛名的糕点铺购得的茶点，正是菱角成熟的季节，适才从湖边小贩的箩筐里挑拣的鲜嫩菱角才是最好的茶食。茶汤醇香，菱角清甜，又有友为伴，便很容易说起旧事。管他庄严的、诙谐的，通通说一遍，说到兴起，还唱起歌来，惊动了林间飞鸟。

语罢之时，已不见灯烛荧煌，只有月下莹然一碧的湖水和若隐若现的苍峰勾起无限遐思。上次来杭时，身旁友人众多，还常与文耀斋、田毅侯等人饮酒湖上，好不快哉。再回首，已是“岁月如流，倏逾九稔。生者流离，逝者不作，坠欢莫拾，酒痕在衣”。难怪南朝梁文学大家刘峻说：“魂魄一去，将同秋草。”

值此良夜，万千感慨，皆在心中。

夜游已久，该秉烛而归了。就着此时情绪，再看看此时景，星辰、野火、垂杨渐抛身后。归来后点上一盏灯，迟迟难寐，对着窗外秋声暗自感怀，直到目瞑意倦，才想起要记下此夜之游。至于题嘛，就直白些吧，《西湖夜游记》就很好。

杭州，李叔同生命中无比重要的一站，他在此科考，在此教书，临安的夜色里，定然曾留下他清瘦的背影。在这次夜游的六年后，他在杭州虎跑寺遁入空门，出家为僧。不论叫他李叔同还是弘一法师，他的一生都是难以磨灭的传奇，从“一壶浊酒尽余欢”到“华枝春满，天心月圆”，在此后无数个良夜里，他听梵音、闻钟鼓、独游去，放下，自在。

五

朱门一扇，关了眼界襟怀；迈出阁去，方见无际青天。山、水、园、野，亲眼见了，才不会使好景虚设。白昼有限，那就趁夜前往；月色幽微，星光黯淡，那就提灯而游。有人作陪当然好，无人相伴也清静。不知去往何处，就随心而行，走到哪儿是哪儿；定好目的地，也不必快马扬鞭，行路上的风光或许并不比终点处逊色。

你若要消苦闷、遣悲怀、怡性情、有所悟，且莫再拘于一室，也许灵思将在星月之下乍来。

黄鹤不归，白云长留

✽叶云客

崔颢吟下《黄鹤楼》时，怎也想不到，这首诗，将在千年时光中辗转，穿越历史，成为另一番模样。

“昔人已乘白云去，兹地唯余黄鹤楼。黄鹤一去不复返，白云千载空悠悠。晴川历历汉阳树，春草萋萋鹦鹉洲。日暮乡关何处是，烟波江上使人愁。”崔颢立于黄鹤楼上，望着苍茫暮色、滚滚长江，思绪复杂地吟出这首诗。

高楼伫立山顶之上，白云悠然飘浮空中，远处沙洲浸染晚霞。眼前景色仿如写意山水，色彩艳丽，气象万千，令崔颢叹为观止。这座黄鹤楼已默立四百余年，见证过血雨腥风，传说曾留下仙人足迹，如今成了宴饮观赏的佳处。远处的鹦鹉洲，埋葬着一位才华横溢的文士，也掩藏了一段悲壮的过往。

他懂，曾经的惊天动地都不过是若干年后的宁静晚景；他知，如烟往事留下的尽是岁月匆匆、物是人非的遗憾；他觉，宦海浮沉到底辜负壮志；他感，漂泊在外难免惹来片刻忧愁。

与诗中皱眉慨叹的模样不同，崔颢实乃一代风流名士。

盛唐之时，进士科每次取士最多不过二十人，五十岁及第都极为正常。崔颢在弱冠之年一举高中，自是少年得志，名扬天下。那时，他同名望甚高的王维交游唱和，又辗转于岐王李范一干王公贵族之中，未曾入仕，早已声名显著。可惜，崔颢等了十几年，在辽西从军之后，才入朝为官，到底还是名声虽显，地位却卑，一生怀才不遇。

崔颢因了少年成名、风流倜傥，免不了桀骜不驯，有着几分魏晋遗风，写起诗文来洒脱随意。

“君家定何处，妾住在横塘。停舟暂借问，或恐是同乡。”他爱写羞涩娇憨的妙龄女子，惹得浮艳轻薄之名。他本就向往游侠的豪放生活，出塞后虽未如愿建功立业，诗风却大变，多了些凛然风骨，成为闻名天下的边塞诗人，曾慷慨吟咏塞外风物：“征马去翩翩，城秋月正圆。”

登楼俯瞰，临风而立，崔颢脑海中满是

黄鹤楼的诸般过往。

东吴之时，黄鹄山上筑有夏口城，依山临江，拱卫上游。这城的西南角上，一座瞭望角楼傲然挺立，可登高望远、观察江船，也可指挥水战，最初的黄鹤楼见惯了战火硝烟。也是从这时起，有人说名士荀瑰在这里迎接跨鹤仙人，有人说仙人子安乘黄鹤经过此地。太平盛世里，黄鹤楼不再是冷漠的哨楼，而成了文人墨客、官商行旅登高远眺、凭吊三国的绝佳去处。崔颢该是慕名而来，与那无数登楼赋诗的文士并无不同。

凝望草木茂盛的鹦鹉洲，崔颢不禁想起汉末名士祢衡的悲剧。同是二十岁便有声名，祢衡凭借的除却才华，还有狂傲言行。孔融将他荐与曹操后，他不仅托病不应召见，而且在宴会上裸身击鼓，大骂曹操。祢衡因疏狂性情，被曹操遣送给刘表，又被刘表转送于江夏太守黄祖。

在黄祖之子黄射大会宾客时，祢衡即席而作《鹦鹉赋》，将自己比作笼中鹦鹉，感慨寄人篱下、穷愁潦倒的境况，下笔千言、一挥而就，因此声名更显。南朝梁时，萧统编《文选》，作序说道："衡因为赋，笔不停缀，文不加点。"

已然习惯张扬高调的祢衡，注定无法做个循规蹈矩的幕僚。一次宴会上，祢衡的出言不逊终于惹恼了黄祖，使他丢了性命。后来，祢衡被杀的江中小岛，便命名为"鹦鹉洲"。

面对江山易改、人事零落的五百载岁月，崔颢再风流不羁，也难免唏嘘感叹，在浓浓愁思里夹藏怀古伤今的感伤。自此以后，无数后来人学着他，登上黄鹤楼，远眺烟波浩渺，赋诗写文。

李白彼时亦是负有诗名，在黄鹤楼上见了崔颢的诗，伫立久久，只得叹息道："眼前有景道不得，崔颢题诗在上头。"才华绝世如他，自是不会甘心，游于金陵时写下《登金陵凤凰台》，欲与崔颢一较高下。李白从构思立意、谋篇布局到押韵平仄，都亦步亦趋地效仿着崔颢，仍是在结尾写出"总为浮云能蔽日，长安不见使人愁"的名句。

崔颢吟下《黄鹤楼》时，怎也想不到，这首诗，将在千年时光中辗转，穿越历史，成为另一番模样。

唐宋之时，许多选本都将此诗写成"昔人已乘白云去"与"春草萋萋鹦鹉洲"。《庄子》中说圣人"去而上仙，乘彼白云，至于帝乡"，将简单的白云景象染上神仙色彩。《楚辞》有语曰"王孙游兮不归，春草生兮萋萋"，引发思乡之愁，使得"春草萋萋"成诗家典故。

明代之后，"黄鹤"和"芳草"渐渐变作正统。万历年间，这差异初现端倪，到底不如旧文广为认可。在清人金圣叹看来，"白云"实是大错，"黄鹤"是点明楼名也是浩然妙笔，选录时就写作"黄鹤""芳草"。后来人编选唐诗，便用了他的改法，久而久之积非成是，让学诗之人不知当初崔颢的用意。

字句的微小改动，变了诗句样子，易了诗人面貌，换了意境神韵。也许，正是崔颢的才华横溢，引来千年间从未断绝的争论。

《黄鹤楼》一诗，使崔颢青史留名，令黄鹤楼名满天下，更被后人赞为唐代七律第一。从此，黄鹤楼上，文人墨客不倦地题诗赋词，将毁废数次的楼阁吟咏成诗情画意的传说。

崔颢已去，高楼依旧。他曾经怀古伤今、写就名篇的地方，如今仍然有人诵读那时的悠悠愁思。

声声慢

✽月下婵娟

那些年，她爱最钟情的才子，写最美丽的相思。

《声声慢》，这一词牌有好几个别名，《胜胜慢》《人在楼上》《寒松叹》《凤求凰》……曾为此填词的名家有很多，如贺铸词“殷勤彩凤求凰”，得来《凤求凰》；“寒松半欹涧底”，便名《寒松叹》；吴文英写“人在小楼”，便有《人在楼上》……

私以为，上述的所有名字，皆没有“声声慢”这三个字来得更加美丽贴切，缠绵婉转。

古人说，此调风格缓慢哽咽，如泣如诉，多写愁苦忧思题材。说这词牌所填之词皆调长拍缓，且这曲子比一般的慢曲还要悠长缠绵。

千年之后的我们，早已不能再听见光阴深处迤逦悠远的吟唱，是如何一声慢过一声的曲折凄凉。唯有那些妙笔生花的文字，遗留下来的玲珑篇章，让我们窥见风雅的大宋，化百炼刚为绕指柔的婉约词，曾道尽多少英雄豪杰与儿女情长。

现在可考证的记录里，最早做此词的是北宋的晁补之，这位刚懂事就会写文章的神童，曾令东坡居士也搁笔赞叹。他位列“苏门四学士”，其词格调豪爽，却为他的家妓荣奴创作了这委婉细腻的曲词《胜胜慢》。

“断肠如雪，撩乱去点人衣”的时节，美丽的荣奴最终离去，“慢处声迟情更多”，此际，会是谁执红牙板，一声一声缓缓唱出学士的不忍与伤情。

据传，百多年后，由晁补之始创的《胜胜慢》，因为蒋捷的一首《秋声》，才最终变为了《声声慢》。

黄花深巷，红叶低窗，凄凉一片秋声。豆雨声来，中间夹带风声。疏疏

二十五点，丽谯门、不锁更声。故人远，问谁摇玉佩，檐底铃声。

彩角声吹月堕，渐连营马动，四起笳声。闪烁邻灯，灯前尚有砧声。知他诉愁到晓，碎哝哝、多少蛩声！诉未了，把一半、分与雁声。

——宋·蒋捷《声声慢·秋声》

雨声，风声，更声，铃声，彩角声，笳声，砧声，蛩声，雁声，这声声夹杂的凄凉秋声，一声声断人肝肠。

竹山先生深怀亡国之痛，隐居不仕，气节为后人千古传诵。这阕词俱用“声”字入韵，得名《声声慢》，的确名副其实。

传说里他正名了《声声慢》，而我总觉得他该是属于《虞美人》的。“少年听雨歌楼上”的旖旎，“壮年听雨客舟中”的漂泊，暮年“听雨僧庐下”的苍茫，人生的悲欢离合，被他《虞美人》里的点滴雨水一一写尽。

又或者，他是属于《一剪梅》的，是那个“红了樱桃，绿了芭蕉”的“樱桃进士”，一片春愁，无一字不美，无一字不令人思归。

而《声声慢》属于谁呢？

当“寻寻觅觅，冷冷清清，凄凄惨惨戚戚”这十四个叠字浮现于脑海时，你应会记起她清隽秀丽的名字来。

李清照，好像她身上任何一个名号都足以光耀后世：“千古第一才女”“词压江南，文盖塞北”“词国皇后”“藕花神”。

她的少年时代是一曲活泼娇憨的《如梦令》，青年时代是与如意郎君情投意合的《点绛唇》。《减字木兰花》里的“云鬓斜簪，徒要教郎比并看”，是花面好看还是奴面好看？《丑奴儿》里的“笑语檀郎”，《醉花阴》里的“人比黄花瘦”，《一剪梅》中的“一种相思，两处闲愁”。那些年，她爱最钟情的才子，写最美丽的相思。那些年，她信手拈来无数词牌，阕阕都成为绝唱。

后来，国破，夫亡，颠沛流离，无依无靠，晚景凄凉。她的人生从风月情浓的最美丽处陡然跌落，便四散成一曲《声声慢》的忧愁与荒凉。

叠词叠加的是她无以细诉的愁怨，旧时“云中谁寄锦书来”的大雁，再也捎不回爱人的书信，满地的黄花，瘦尽年华。某年某月，她和他曾对坐窗前，赌书泼茶。梧桐更兼细雨，到黄昏，点点滴滴。她还要独自挨过多少这样的辰光。

命运不算苛待她，给予她幸福优渥的童年，匹配给她志趣相投的风雅郎君，夫妻和美，琴瑟和鸣。出身名门，才华横溢，嫁得意中人，这些都是多少女子一辈子梦寐以求的幸运哪！

而命运到底苛待她，将她抛诸国破家亡的乱世，将她抛诸夫死孀居的漫漫凄凉，将她抛诸建康与临安的风尘仆仆、流离辗转……

这世间，完美的是诗词，千疮百孔的是人生。那一曲《声声慢》，要怎样的凄凉，怎样的句句哀婉，才能够唱尽她的血泪和相思。

《声声慢》，在这黄花深处的秋天，听一夜细雨滴落梧桐，如听一个多情哀怨的女子，为我们留下的断肠词篇。

诗中草木有情深

黄北溪

草木的生与死，亦寄托着人的爱与恨。生命的蓬勃，有人在草木的繁盛间感受，有人于草木的凋零中感知时光的流逝。

草木，是一个季节最有代表性的事物之一。草木春生秋落，夏繁冬枯，时节的更替变换便在花草树木的生命状态中显现出来。而草木入了诗，便也映衬着诗人的心绪。或喜或悲，皆可于此其中窥得一二。

一

国破山河在，城春草木深。
感时花溅泪，恨别鸟惊心。
烽火连三月，家书抵万金。
白头搔更短，浑欲不胜簪。

又是一年春天。长安城里，草木丛生，一片荒芜，杜甫的心绪亦是悲戚的。他无心再赏花，眼里心底，只有无限的凄凉。

战乱已持续一年，而他被抓到长安也已逾半载。自经丧乱，他已看过了太多生死，或许早该平静，甚至走向麻木。可当看到眼前破碎的长安，他心里还是难免作痛。

曾经的长安，是何等的繁华，又是多少人心中的信仰。如今却只剩废池乔木、断壁残垣与人空相对，无声诉说它曾遭受的苦难。

他本就是心怀天下之人，终究做不到麻木，更无法平静。

曾经的他，也曾怀揣着一腔热血踏入长安，期盼着能在此实现一番功业。他在长安奔走了数十年，才求了个兵曹参军的官职。可抱负还未实现，安禄山的军马便已攻入了长安。叛军在长安城里纵火焚城，“大索三日，民间财资尽掠之”。

顷刻间，所有人的繁华梦无声破碎。硝烟战火中，位高权重者选择弃城而逃，百姓流离失所，许多人于这场灾难中失去了性命。而他，亦是一路颠沛，历经了艰难困苦。

将妻子安置在鄜州羌村后，他本打算北赴灵武，却于途中被俘，而后被押送到了长安。

兜兜转转，他又回到了这座城。只不过，

初来长安时，他是风华正茂，对未来充满希冀的少年郎；如今，却沦为了叛军的战利品，失去了尊严，也开始走向衰老。

春天，本该是温暖的时节，此刻的他却像在寒冬里踽踽独行。那丰茂的草木，刺痛了他的心，变成了刻在他心底的一道伤痕。惆怅、愤恨，不断敲击他的伤口，令他夜不能寐，青丝变白发。

他不知道，这荒芜何时才会被抹去。他只有陷入无尽的等待，等待有朝一日，风雨浇灭硝烟，长安城又恢复往日的模样，而他，亦能再次与家人相聚。

二

草木无情，有时飘零。人为动物，惟物之灵；百忧感其心，万事劳其形；有动于中，必摇其精。而况思其力之所不及，忧其智之所不能；宜其渥然丹者为槁木，黟然黑者为星星。奈何以非金石之质，欲与草木而争荣？念谁为之戕贼，亦何恨乎秋声！

嘉祐四年（1059）秋天，五十二岁的欧阳修于夜间读书，忽而闻到了秋的声音。那萧瑟的秋声，勾起了他心中的愁绪。

此时的他，仕途虽已步入了坦途，但长年的宦海浮沉，还是让他感到了疲惫。这一路走来，他亦是走得无比坎坷。

自小时，他便失去了父亲，全靠母亲一手将他带大，因此他的童年称不上幸福。好在，有母亲教他读书写字，让他得以对未来充满希望。在那些刻苦读书的日子里，他也暗自期待过，将来的自己会有一番作为。

十六岁那年，他满怀信心参加科举考试，却意外落了榜。时隔四年的又一次科考，他再次落榜。两次落榜，给他浇了一盆冷水，告知他理想之艰难。可情绪低落过后，他又重拾信心，继续参加科考。

终于，在他二十三岁那年，他总算登科及第，步入了仕途。

他本以为，自此便可青云直上，仕途之路一直顺遂。可或许被贬自古便是文人无法避开的宿命，他亦没能躲得开。

景祐三年（1036），他的好友范仲淹因致力于政治改革得罪了既得利益者，被贬饶州。而他作为范仲淹一派，亦受到了牵连，被贬于夷陵。

重新被调任回京后，他参与了范仲淹、韩琦等人推行的政治革新，致力于改变北宋积贫积弱的现状，却遭到了守旧派的阻挠，最终走向失败。他上书替被贬的范仲淹辩解，却再次遭遇了贬谪的命运。

为官的这条路上，他几次被起用，又几度被贬谪，如同山间之草木，经历过春日里的繁盛，亦感受过在秋天萎缩。

如今已至暮年，听闻这秋声，他不禁悲从中来。或是为这么多年的壮志未酬，或是为自己衰老的生命。

可悲戚过后，他还是选择了看淡。他由秋之草木想到了人之一生。

他知道，草木尚且会凋零，人又怎可能长盛不衰。人生一世，自是不可能万事如意，失意、磨难、衰老，皆是常态。哪怕身居高位，亦无力更改。

于是，他只能劝自己放下。他不再怨恨秋天对草木的摧残，他的心逐渐变得通透。只是那一份落寞，终究还是藏在了他的心底，无法真正消解。

深山有草木，一岁一枯荣。草木的生与死，亦寄托着人的爱与恨。有人在草木的繁盛间感受生命的蓬勃，有人于草木的凋零中感知时光的流逝。无法言语的草木，见证了人世间多少悲欢与离合。许多无人诉说的心事，唯有草木知晓。

愿为红叶衔相思

✽破小旋

红叶的相思，热烈而执着，如同帅气的侠女，带着不理会世俗的骄傲和遗世独立，让人敬佩和向往。

翻开多年不见的朋友寄来的喜帖，我惊喜地发现，在烫金的喜帖中央，夹着一片红叶。就如同毕业那年，他送我一片做成书签的红叶。

愿以红叶寄相思。那些曾经并肩的少年时光，流淌入年轻的眼眸中，总是风也多情，云也妩媚。就那样如行云流水般不着痕迹地流过，来不及缅怀，来不及蹉跎，就已经被尘封成醇厚香浓的回忆。

那时还曾和他因为一片红叶而争得面红耳赤，我说红叶的寓意是相思，而他说，红叶的寓意是坚毅与执着。

如果没有足够的坚毅，又怎会在萧瑟寂寥的深秋，将浓烈饱满的红开遍整个山野。

即便周遭都已枯黄颓败，即便日渐寒冷的风翻打着身躯，它仍旧那么骄傲地微笑，旁若无人地妖娆。

那般艳丽的不掺杂任何尘芥的纯净颜色，如情人唇边热烈而浓厚的相思，如女子眼角摇摇欲坠的殷红泪痣，更像是离人眼中无边无尽的猩红等待。

现在我才明白，相思与坚毅并不矛盾。

相思是需要一颗坚毅执着的心的，若非如此，那被相思症候折磨得身似浮云，心如飞絮，气若游丝的姑娘，不知会不会在良人归来之前已于灯半昏时月半明时先他而去。

同样是相思，红豆的相思婉转缠绵，如同清秀佳人，有种荏弱易折的楚楚可怜，惹人怜惜，而红叶的相思，热烈而执着，如同帅气的侠女，带着不理会世俗的骄傲和遗世独立，让人敬佩和向往。

一直向往一场以红叶为媒的爱情，怀着蠢蠢欲动的期待。如同僖宗年间的那个微雨疏风的傍晚，年轻的于祐在御沟中拾到那片写着诗句的红叶。

年轻的文士不过想要弯身洗洗手，却捡到了那片自深深宫墙中漂流而出寄满情思的红叶。

流水何太急，深宫尽日闲。

殷勤谢红叶，好去到人间。

透过红叶上的题字，他仿佛看到了一位明眸皓齿的纤秀身影斜倚在宫墙上，百无聊赖地看着院中飞去的莺雀，幻想着何日也能同它一般飞出这深墙大院。

他心中有流水潺潺而过，怀着些许怜惜，些许期待，些许交由命运的幻想。他在另一枚红叶上题上那两句“曾闻叶上题红怨，叶上题诗寄阿谁”，送归流水。

他并不知道，属于他的传奇就在这时拉开了序幕。

应试落第和多年羁旅倦游日渐消磨掉于祐心中对那片小小红叶怀着的期盼和幻想，甚至有些开始嘲笑自己的天真。

朋友韩泳为他物色了一门亲事：三十岁的姑娘温厚纯良，姿色甚丽，是宫中遣散的宫娥。

于祐感激接受，婚后二人伉俪情深，鹣鲽相携。

直到那一天，妻子无意间看见了于祐竹书箧里那片珍藏许久的红叶，诧异地问他这叶子是怎么得来的。

于祐语塞，支支吾吾地解释，他以为她会生气，却没想到她笑着告诉他，这片叶子上的诗，是她写的。

不知是命中注定，还是机缘巧合，一片小小的红叶为媒，成就了被无数后人艳羡的传奇。

想起他曾经给我讲过的两个关于红叶的传说，一个壮烈而慷慨，另一个则清丽娇憨。

在《山海经》中，黄帝杀蚩尤于黎山，弃其械，化为枫树。枫红即为蚩尤之热血。这样的红，红得帅气洒脱，惊心动魄。

而在杨万里的诗中：“小枫一夜偷天酒，却倩孤松掩醉容。”枫叶因微醺而惹绯颜。这样的红，红得娇嗔秀丽，惹人爱怜。偏偏这两种截然不同的性格汇集于红叶一身，便是与众不同孑然独立的惊艳。

如果能够选择，我希望做一个如同红叶一般的女子。有着万山红遍、层林尽染的豪迈奔放，又有着瑰丽绝艳的妩媚身姿、玲珑性情。若着盔甲，则白马银枪御敌千里，不让须眉。若换绫罗，则袅袅娜娜，水袖一舞艳惊四座。

愿生为红叶，为君衔一寸相思。

这一次的见面是双方都不曾预料到的，或者说，并不期待。

他们不是朋友，也算不上同僚，忽然碰上，停下脚步，倒是可以称得上一句“同是天涯沦落人”。

李龟年和杜甫在江南一带偶遇，彼此的寒暄没有倾诉各自的狼狈、流浪和痛苦，而是不约而同地就着这暮春时节温暖的风，回忆曾经见面的寻常画面。

是很多年前了，大家都还很年轻，李龟年才华横溢，又会唱歌又会作曲，还会很多乐器，创作的很多曲子令人倾倒，自然而然被唐玄宗赏识。因为帝王的喜爱，李龟年理所当然地被越来越多的人认识，王公贵族们争相邀请他去演唱，只需要几曲，便有黄金玉器赏赐下来。那些赏赐好像不是什么沾了血汗的金钱，不过是良辰美景的点缀，是一场风花雪月的见证。

繁华，富足，长安好像是青天白日里怀抱珍宝的少女，引得无数文人上前，在那里倾洒梦想、诗句、浪漫和意气风发的年少时光，希望获得一丝青睐。杜甫也是其中一个。

当时唐玄宗的弟弟岐王李范是个擅长音律的王爷，

江南无所有

✽彤管有炜

像是忽然有一颗投在湖里的石子，砸碎了天上的月亮。长安的和平与繁荣一夕覆灭，长安客们被战乱的刀与剑打散，零落天涯。

崔九是唐玄宗的宠臣，这两人因为既爱音律，又是帝王身前的宠儿，府邸成为文人雅集之处，常常举办宴会，吟诗作对，又弹琴吟曲，夜晚时阵阵音乐，就着月亮在水里荡漾。杜甫就是这样见到李龟年的。

杜甫当时还是少年不知愁滋味的公子哥儿，他因诗被李范赏识，得以进入文人交流之所。李龟年是被作为嘉宾邀请过来表演的，他站在那里唱歌，歌声美妙，让宴会也变得令人陶醉，杜甫就坐在其中沉醉。杜甫在长安待久了，同李龟年在宴席中遇见几次，便也认识了。

不过两人算不上朋友，也算不上同僚。

李龟年还是常常被召集去宫中，李白为杨贵妃写词“云想衣裳花想容，春风拂槛露华浓”，李龟年便弹琴作曲，唱得婉转动人，惹得美人开怀一笑。所有的诗人都在为李龟年写词，那些词经过李龟年的歌喉，唱出的是盛唐的梦和美。李龟年不曾触碰到任何的丑陋与不堪。

而杜甫渐渐从玩乐万岁的少年时代走向青年，虽然越来越触碰到现实，但是那时的他还有一群志同道合的朋友，还有一个想要寻求的梦想，还有一个和平繁盛的家园，直到，安史之乱来了。

一切全都没了。

像是忽然有一颗投在湖里的石子，砸碎了天上的月亮。

长安的和平与繁荣，如镜花水月，帝王的权势与威严，一败涂地。

唐玄宗匆匆逃走，杨贵妃被赐死，长安客们被战乱的刀与剑打散，流落天涯。自此，山河动荡，故土不再。

为什么会变成这样呢？没有人回答。这会不会只是一场噩梦，只要他们还追随着他们的帝王，他们的王朝，他们的时代，一切就还会变好。

杜甫是这样想的。因此已经举家逃离的杜甫听说唐玄宗退位，唐肃宗在灵武即位的时候，还想着跟着这破败的唐朝四处奔走。他想要去灵武，但是半路中被叛军抓住，在长安被关了几个月，才趁乱逃离，再次一意孤行地去寻唐肃宗。

李龟年也是这样想的。唐玄宗是他的伯乐，他们都喜欢音律，很多时候，帝王的眼睛落在他的身上，他便觉得，好像有万丈光芒都汇聚于此。他被无数人知晓，站在万众瞩目之地，唱着大唐之音。但是，他不是可以出谋划策的文人，当和平不再，他便毫无用武之地。那就还是唱歌吧，他流落出长安，唱歌为生，唱人生无常，兴亡梦幻，能否如昨？

昨日不再了。十几年飘忽而过，战乱的硝烟消散，露出千疮百孔的江山，曾经那繁华的盛世，大家都已明了，不会再回来了。

杜甫去追寻的唐肃宗，并不是他的伯乐，因为政见不同，杜甫被贬离开，自此，他再也不被重用。他一生所求的梦想，再也不会实现了。杜甫四处漂泊，见过苦难，也经历过苦难，蓦然回头发现，他一生所求的梦想，再也不会实现了。

杜甫在成都住了几年，又去了奉节，在那里，他越来越苍老，他喝酒，但疾病与苦痛充满他的心与身：

万里悲秋常作客，百年多病独登台。

艰难苦恨繁霜鬓，潦倒新停浊酒杯。

杜甫开始思念家乡，于是他北上，后被迫南下，在江南一带遇到李龟年。

李龟年也老了，他唱了这么多年，回想起来，他好像也是这场兴衰巨变的见证者。曾经帝王的奢靡、贵妃的美丽，都是他在吟诵。可如今，国破家亡，流落天涯，往昔的盛景散如云烟。他没有什么能做的，他唱他的不甘、他的不舍、他的茫然和他的思念，他一直唱，一直唱，唱那不知道被唇齿研磨过多少次的歌：

红豆生南国，春来发几枝？

愿君多采撷，此物最相思。

李龟年再也没见过唐玄宗一面，他多么希望他的帝王可以来这南国，再听听他的歌声。

两个开元盛世的遗孤，安史之乱的囚徒，在暮春时节偶遇了。

杜甫没有讲起自己被贬谪、被囚禁、被贫穷围困、被命运奚落的后半生，李龟年也没有说出自怨自艾、常感悲痛的一颗心。他们不是朋友，不是同僚，但是都见过彼此最辉煌、最少年的时候。

于是不约而同地不询问，不好奇，只诉曾经平常时候。

风吹动，花瓣簌簌地吹落。

岐王宅里寻常见，崔九堂前几度闻。

正是江南好风景，落花时节又逢君。

江南一见，没有什么东西可以相送。

那就把你曾经最好的样子诉说出来吧。

也可慰藉春风了吧。

素纸留香

以落日余温煎茶，
饮尽人间风雅

风筝极简史

✽山音

一

风筝的起源，历来众说纷纭。

最早的发明者被认为是春秋时期的公输班，据《墨子·鲁问》记载："公输子削竹木以为鹊，成而飞之，三日不下。"

公输先生用竹木仿着鹊鸟的形状制成飞行器，为自己精巧的手艺得意扬扬，不料却遭到墨子的批评。墨子认为公输班发明的木鹊没什么用，对人们的生产生活没有实际帮助，"利于人谓之巧，不利于人谓之拙"，因此公输班的木鹊算不上真正的"巧"。

而在《韩非子》中，风筝的发明人则变成了墨子："墨子为木鸢，三年而成。"墨子的手艺同样精巧，制造的木鸢同样无用，但这里并没有人批评他。

墨子把批评公输班的那一套用在自己身上，变成了自我批评和反思，但中心思想不变：真正有利于生产的发明，才是好的发明。

还有一种说法认为，风筝是汉初淮阴侯韩信发明的——韩信打算谋反，趁刘邦出去讨伐判将陈豨，在长安城中放纸鸢测量未央宫远近，准备挖地道进入宫中。

不过这个说法疑点颇多，汉初大概还没有纸张，如何扎得出纸鸢？即使有纸鸢，怎样用人人看得见的纸鸢秘密测量距离？

所以韩信发明风筝的说法多半是后人附会。就算汉代已经有了和后世风筝形制类似的器具，用的材料也应该是丝绢或者牛皮。

木鸢变成了绢鸢，绢鸢再变成纸鸢，应该是得益于东汉造纸术的升级。到了南北朝时期，纸鸢被用于在战争中传递信息。

南朝梁武帝时爆发了侯景之乱，皇帝被叛军围困在台城，和外界断绝了联系，求救无门。羊侃向太子萧纲献计："作纸鸢，系以长绳，藏敕于中。"萧纲站在太极殿前，趁西北风刮起时放出纸鸢，用这种办法向外界传递消息。萧纲放出去的纸鸢和后世的风筝很相似了，都由长绳所系，需要凭借风力。

无独有偶，唐朝中期临洺守将张伾不知是不是受到萧纲启发，在叛军包围临洺城时，“以纸为风鸢，高百余丈”，纸鸢带着求救信号高高飞过敌人的军营，飞到援军手中，最终使城池得以保全。

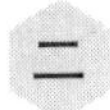

唐朝时的纸鸢已经成为深受人们喜爱的娱乐工具了，人们到郊外放纸鸢的活动十分常见。元稹《有鸟二十章》中写“有鸟有鸟群纸鸢，因风假势童子牵”，可见放纸鸢已经是孩子们的玩耍项目。

不仅如此，唐朝还出现了纸鸢的新玩法，宫廷中有太监将灯笼挂在纸鸢上，夜晚放上高空，那景象想来令人神往。

五代时，有个叫李邺的人，放纸鸢时在鸢首绑一支竹笛，当纸鸢随风扬起时，风灌入笛中，发出的声音悦耳动听，犹如筝音，自此后纸鸢又有了新的名称——风筝。

宋代娱乐生活丰富，放风筝是其中很重要的一个项目。宋人也对风筝提出了更高的要求，不仅要好玩，还要好看。

宋徽宗手下的户部尚书侯蒙也和风筝颇有渊源。侯蒙参加科考，被人嘲笑年长貌丑，有人把他的头像画在风筝上，借此嘲弄，侯蒙看到不仅不生气，反而大笑，提笔填了一首《临江仙》在风筝上：

未遇行藏谁肯信，如今方表名踪。无端良匠画形容。当风轻借力，一举入高空。

才得吹嘘身渐稳，只疑远赴蟾宫。雨余时候夕阳红。几人平地上，看我碧霄中。

他把嘲笑他的少年称为“良匠”，风筝高得看不见，他认为是要去蟾宫折桂。这心态何其豁达，一看就是要做大事的人。后来侯蒙果然像风筝一样青云直上，一举登第，官至尚书。

《西湖老人繁胜录》中记载了临安城里放风筝的热闹景象。人们不仅满城跑着放风筝，还能赛风筝。说是风筝比赛，其实是风筝线的较量，一个人用自己的风筝线去纠缠另一个人的风筝线，两条线互相拉扯，风筝线先断者为输。

有比赛就有输赢，输的人不仅丢了面子，还要罚钱，于是又有人想到用风筝来赌博，开创大宋纨绔子弟新玩法。这样一来，比赛更为激烈，对风筝线的韧性也要求更高，当时流行用药水浸泡过的线做风筝线，称作“药线”。

也是在宋代，风筝开始商品化，风筝、放风筝用的轮车、风筝线都作为商品出现在市场上，成为下层百姓的重要经济来源。

到了明代，风筝又有了新的使命。大戏剧家李渔写了一个剧本《风筝误》，按起承转合概括起来，剧情大概是：

起：男主在男二的风筝上题了诗，男二放的风筝落在女主家的花园里，被女主捡到，女主看到上面的题诗，和了一首。

承：待风筝取回，男二不在，男主看到题诗，惊叹于女主的才华，幻想着女主的美貌，便又题了一首诗在风筝上，又拿去放。

转：男主的风筝被女主的姐姐女二捡到了，女二有心成配，深夜约会男主，妄图私订终身。男主误以为她就是第一次在风筝上题诗的人，厌恶其品行不端，粗鄙丑陋，遂拒绝。

合：男主情场不顺，却科场高中，上司给他指了一门婚事，对方是詹家小姐，配他可算是郎才女貌。男主一听便一惊：这不是女二吗？坚决推辞。奈何拒绝不成，无奈成亲。成亲后男主发现所娶之人竟是美貌女主，又知道她才是第一次在风筝上题诗之人，两人终成眷属。

风筝的起落推动着情节的发展，这里的风筝变成了男女传情达意的信物。

清代女诗人骆绮兰曾在诗中写道："何处风筝吹断线？飘来落在杏花枝。"她是不是也期待着有一段和剧本中类似的奇遇？

和李渔交情很好的曹寅，书房里收藏了很多剧本，不知道其中有没有这一出《风筝误》，也不知道是不是得益于祖父的藏书，戏剧与风筝都频繁进入过曹雪芹的创作。

《红楼梦》第七十回众人一起放风筝，宝琴的风筝是大红蝙蝠，宝钗的风筝是一连七个大雁，探春的风筝最漂亮，是软翅子大凤凰。宝玉的美人风筝一直放不起来，气得直跺脚，只好换了一个。黛玉的风筝线断了，不知飘到了何处，宝玉剪断了自己的风筝线，好让它与黛玉的风筝做伴……在曹雪芹笔下，风筝似乎暗示了众人的命运。

风筝在方言中叫法各有不同，大体来说南方叫纸鹞，北方叫纸鸢。曹雪芹还写了一本《南鹞北鸢考工志》，将制作风筝扎、糊、绘、放的理论编成朗朗上口的工艺歌诀，并配有彩绘风筝图谱，这一举动并不仅是出于他自己对风筝的爱好，而且还有着深切的人文关怀。

曹雪芹有一个叫于景廉的朋友，早年从军时伤了脚，难以谋生，家中又人口众多，日子过得很艰难。某年年关将近，于景廉来到曹雪芹家中，说自己家已经三天揭不开锅了。曹雪芹自己也很穷，帮不上什么忙，两人相对凄然。

夜间闲谈时，于景廉偶然说起京城中的事情：有富贵人家的公子买风筝，"一掷数十金"，这些钱够他们家过好几个月了。恰好曹雪芹身边竹纸皆备，就顺手扎了几只风筝送给于景廉。

除夕夜，于景廉冒着大雪来到曹雪芹家中，跟他一起来的，是满载驴背的酒肉鲜蔬。于景廉欢喜地告诉曹雪芹：没想到三五只风筝，卖出了极高的价钱。他特意过来与曹雪芹共同分享成果，这下可以过一个肥年了。

墨子和公输班大概都没有想到，他们无意中造出来的"巧而无用"的东西，到后世竟能成为糊口续命的关键。曹雪芹也是从这件事开始重新审视风筝的价值。

于景廉后来一直以卖风筝为业，甚至小有名气，他经常催曹雪芹为他制定新的风筝样式。曹雪芹这才开始编写《南鹞北鸢考工志》，希望能帮到那些身有残疾无法谋生的人。

曹雪芹画、于景廉卖的风筝，都被谁买走了？大概就是像贾宝玉、薛蟠、冯紫英这样的人吧。富家公子买一只风筝的钱，足够贫寒人家几个月的吃穿。正如刘姥姥感叹，贾府众人吃一顿螃蟹的钱，够庄家人过一年了。

风筝从书外卖到书里，曹雪芹站在人生的下半场回望从前，从前无关紧要的玩具变成了赖以生存的手段，极致的富贵荣华和极致的悲凉落魄他都经历到了。

到现在，风筝依然是国民度极高的娱乐玩具。可它又不仅仅是娱乐——

它是诗词戏文的常客，是民间工艺的传承，这里面有文化、有民俗；再一深思，造风筝，卖风筝，举办风筝节，拉动旅游消费，这里面有经济、有民生。

一只小小的风筝，牵系着人们的喜怒哀乐与衣食住行，几千年世事兴衰，它们的陪伴一直都在。

清晓呼僮乘露摘，任教半熟杂甘酸。

庭有枇杷，深藏谁的眉眼

林歌

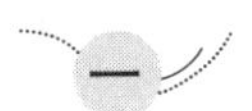

一

嘉靖十二年（1533）夏，枇杷初熟，魏氏溘然而去。这个相陪身侧六年的结发之妻，成为归有光心中永远的白月光，经年不黯，犹如庭院里的那棵枇杷树。

魏氏十六岁嫁给归有光。那时，归家早已败落，几无隔宿之粮，有的只是一座项脊轩阁楼和满腹的书香才气。而魏氏则家境殷实，衣食无忧。但她依然选择嫁进归家，因为她看中了他的才气。

虽然日子过得清苦，但两人伉俪情深，经常躲在项脊轩的阁楼里，读书、习文。甚至归省之时，她都会兴奋地跟家中姊妹分享两人在项脊轩中读书的美好时光。

她还时常鼓励身处苦境的归有光，夸他有惊世之才，不能因一时的贫困而泄气，这让归有光得到了无限慰藉。但如此温良贤淑的妻子，却永远离他而去，归有光觉得自己的世界轰然塌陷。

那时，魏氏亲手种植的枇杷树发芽了。他突然觉得，这是魏氏留给自己的依恋。

多年以后，当他怀着对魏氏的无限怀念，补记《项脊轩志》的时候，那棵枇杷树已亭亭如盖。魏氏虽然去了，但那棵枇杷树一直活着，活在了他们读书的项脊轩，活在了归有光的心里。

人之一世，最伟大的情感，便是想念。想念，想念，一经想起，便念念不忘。妻子于庭中植下的枇杷树，便是他永远的想念。

二

在民间，枇杷被看作高贵、吉祥、繁盛的美好象征。它是何时被赋予此意的，不得而知。

我们只知道，枇杷在最早的时候，跟樱桃、牡丹一样，只是贵人庭院里的私有物种，平民难得一见。到了唐宋的时候，民间才开始栽种，但仍为稀有树种。再加上它与琵琶同音，因此闹出了不少笑话。

比如古代有位县令，很爱吃枇杷。下面人知其爱好，便送来一筐，并附上一张纸条。县令打开纸条一看，只见写着：敬奉琵琶一筐，望祈笑纳。

县令纳闷：我又不是卖唱，送我琵琶干吗？还用筐装着？等到打开筐子一看，才知“琵琶”乃是枇杷。

县令这才恍然大悟，边吃琵琶边赋了一首打油诗：“枇杷不是此琵琶，只恨当年识字差。”

可能是吃枇杷吃得太陶醉了，下面的诗句县令死活想不出来。正好有个师爷过来拜访，便顺着接口道："若是琵琶能结果，满城箫管尽开花。"

县令一听，哈哈大笑，邀请师爷共品枇杷。

不过后来，县令大人调往他处，不仅没有吃到枇杷，还赔上了一把琵琶。

据说后来这位县令调到一个偏僻的北方县城，立夏刚过，县令想着枇杷应该可以吃了，便吩咐下面的人去采办。

但这里是北方，几乎不见枇杷，下面的僚属一听县太爷的吩咐，都是一脑袋糨糊：那玩意儿能吃吗？

但看大老爷那副急切的样子，只好硬着头皮，出去采买了一把上好的琵琶，然后将其劈开，煮排骨汤一样煮了。

这是个笑话。当然，之所以出现这个笑话，大概是枇杷与琵琶同音，枇杷的叶子与琵琶相似的缘故吧。

立夏过后，满枝的枇杷已经开始泛黄，即将迎来成熟的时候。你们猜，这个时候，哪位古人最喜欢？

首先入选的当然是我们那位可敬可爱的美食家——苏东坡先生。

他因祸得福，被贬到了岭南，"日啖荔枝三百颗"，"卢橘杨梅尚带酸"。苏轼说，卢橘便是枇杷。

而诗风似东坡，厨艺也不差的陆游，对于枇杷的热爱也是不遑多让。

他专门开辟了一块菜园，种植蔬菜和枇杷。枇杷结果时，为了不让鸟雀占便宜，陆游便吩咐家仆趁着晨露未去，在清晓时摘下水灵灵的枇杷果，也不管是否熟透了。要知道，那个时候陆游已经八十多岁了，居然与鸟雀较真，真是个老顽童。

据说陆游不仅喜欢吃枇杷，还亲自动手培育了一种非常罕见的"无核枇杷"。每当果子成熟之际，他便邀好友韩元吉过来品尝。

韩元吉吃完之后赞不绝口，便想跟陆游讨要枇杷无核的秘密，陆游只是笑称："这是上天赐予的种子！"

韩元吉当然不信他这种鬼话，便决定使用一些小小手段，套出无核枇杷的秘密。于是，韩元吉便邀请陆游到自己家品尝美食。

次日，韩元吉到集市上买了几个大猪蹄，路过陆游家时，冲着他举了举手中的鲜猪蹄，陆游立刻跟了出来。

到家之后，韩元吉带着猪蹄进了厨房，不到一盏茶的工夫，便端着卤得熟烂的猪蹄出来，放在桌上。

猪蹄肉质鲜美，肥瘦相间，卤得骨肉酥烂！陆游边吃边点头赞许，但又有些疑惑："你是怎么在短短的时间内将它蒸得酥烂入味的？有何速成之法？"

韩元吉这才露出了阴谋得逞的笑："我用小诀窍跟你交换无核枇杷的秘密，怎么样？"

陆游这才知道韩元吉的真意，不由哈哈大笑。最终，他还是将无核枇杷的培育之法倾囊相告："即枇杷开花时，用镊子夹去中心一根须，这样一来，枇杷花朵无法授粉，自然无果核！"说完便催促韩元吉说出卤猪蹄的速成之法。

韩元吉便将陆游带至厨房，指着灶台上的几个生猪蹄说："这就是今天早上给你看的猪蹄！"然后哈哈一笑："我没有速成的诀窍，你刚吃的是我昨晚就开始炖的。"

虽然揭破了秘密，但陆游跟韩元吉的关系更好了。枇杷成熟之时，二人相聚，一杯热醪酒，一丸金枇杷，饱醉高眠在软榻之上。人生如此，足矣！

姑苏春船载绮罗

张希奥

有的船载着绮罗，有的船寒江垂钓，有的船满载茶叶，它们是不同船夫的生计，船带他们驶向各自美好生活的彼岸。一条一条船，就这样串起苏州商业的命脉。

青砖黛瓦、小桥流水、烟雨舟船，这是许多人梦里的江南。杜荀鹤在一千多年前就写过了：“君到姑苏见，人家尽枕河。”吴地河网密布，苏州人建城的思路，便是循自然水道。在如此环境中，当然也就有了很多桥，造了很多船。

一叶扁舟，寻梦到苏州

古时苏州的老老少少，全民皆会行船。《苏州府志》记载：“吴人以舟楫为艺，出入江湖，动必以舟，故老稚皆喜操舟。”没在水乡生活过的人，很难想象到，日常出行多靠船是什么样的感受。

船是一种很不同的交通工具，尤其不同于车马，车马是陆地之上连接目的地之间的工具，船没那么直接，船在水面上漂浮，独有一份惬意闲适。

苏州人行船时唱歌。《苏州府志·风俗篇》载：“吴下耕作或舟行之劳，多作讴歌以自遣，名唱山歌。”泛舟湖面之上，面对碧绿的一片水，仰望湛蓝的一片天，会让人不由自主地想放声唱歌。水会把人的歌声带向更远的地方。而以车马出行时，这种感受是很少有的。

船对于苏州人来说，是有不同意义的。刘向在《说苑》中记载，吴人在欢迎晋国来使时，采用的最盛大欢迎仪式是：“吴人拭舟以逆之，左五百人，右五百人，有绣衣而豹裘者，有锦衣而狐裘者。”船不仅是日常，也是盛大节日时必不可缺的仪式感。

船也是许许多多苏州百姓谋生的载体。“春船载绮罗”“月移山影照渔船”“不须惆怅贩茶船”，有的船载着绮罗，有的船寒江垂钓，有的船满载茶叶，它们是不同船夫的生计，船带他们驶向各自美好生活的彼岸。

一条一条船，就这样串起苏州商业的命脉。明清时期，苏州城内出现了“水巷中光彩耀目，游山之舫，载妓之舟，鱼贯于绿波朱阁之间，丝竹讴舞与市声相杂”的一派繁荣景象。

满船书画，兴起至吴江

书画船是古代文人的独特空间，形制上与普通船并无二致，特别之处就在于它满载诗书，除了是交通工具，还承载着社交、娱乐、文化功能。写诗作画、饮酒赏乐、以文会友，无所不能。

至宋代，书画船便常见于古人的各类风雅文录。最负盛名者，莫过于宋代书画家米芾的“米家书画舫”。黄庭坚曾写诗说：“万里风帆水著天，麝煤鼠尾过年年。沧江静夜虹贯月，定是米家书画船。”是如何的气派，又是何等的璀璨，才能让船上的夜灯贯穿月亮光辉。

当然了，过于豪华的书画船，是普通士人难以消受的，明朝的文震亨在《长物志》中也写：“不大不小，小轩窗，朱栏玉栅，如精舍一般，安坐读书正好。”不大不小的书画船，才是最妙。

江南地区，是明清时期当之无愧的文化腹地。苏州一带，水网密布，航道交错，正为书画船的发展提供了天然的养分。有关苏州之地与苏州之人同书画船的记录，比比皆是。例如，“米家书画舫”的主人米芾有一件作品为《吴江舟中诗》，它便是米芾晚年时在吴江舟中为朱邦彦所书。

“吴门画派”的创始人沈周是苏州人士，他有一幅《京江送别图》，画的是他在京江送别朋友吴愈的情景。主人乘舟远去，众人在岸边作别。杨柳葱郁、山桃烂漫，江南秀色让别离更多惆怅。这幅画中的小船，或许就是文震亨所讲“不大不小、安坐读书正好”的船，用来读书正好，用来送别，也对味。

“吴门四家”的另一位——唐寅，曾写《联句诗》，这首诗怎么写成的，交代得也很清楚，即唐寅与友人在船上相遇，大家饮酒，饮酒后再一起作诗，再由唐寅把整首诗抄写下来。书画船的社交与文化功能，在此尽显。

董其昌是书画船的代表书画家，他一生中经历了八次从北京前往江南的长途公务旅行，也常经过吴中一带。《夜村图》上书“戊午八月十一日昆山道中写”，表明他舟行昆山时画了一套山水小册。

苏州是古代文人的书画船绕不开的地方。有人从苏州出发，有人路过苏州，有人在苏州停留。他们用画笔与船桨、水墨与江河，共同绘出了吴越之风、姑苏之韵。

泛舟饮宴，稳坐到虎丘

如果说书画船是属于文人的空间，那么船宴就是天下食客的盛宴。素有“江南水乡”之称的苏州，湖泊众多，河道密布，水运便利，鱼虾丰富，得天独厚的条件下，孕育出水上筵席“苏州船菜”一点也不稀奇。

早在春秋战国时期，苏州船菜便初具雏形，吴王夫差的龙船宴游首创船宴之风。至唐，随着京杭大运河开通，苏州地区商贾云集，船宴盛行。民间传闻，唐敬宗宝历元年（825），白居易任苏州刺史，建“白公堤”，乘船宴游。宋代以后，随着经济重心南移，苏南的饮食业得到极大发展，无锡、苏州等地出现专营船菜的游船；游人泛舟于湖面之上，一边饮酒，一边享用美食，再看看姑苏美景，好不惬意。

苏州船菜主要盛行于明清时期。徐珂在《清稗类钞·舟车类》中写："春秋佳日，肆筵设席，且饮且行，丝竹清音，山水真趣，皆得之矣。"沈朝初在《忆江南》中大肆赞美苏州船菜说："苏州好，载酒卷艄船。几上博山香篆细，筵前冰碗五侯鲜。稳坐到山前。"

徐珂所描述的，是苏州游船中的一种，又称"灯船"，是所有游船当中最豪华的，能容纳二三十人。画舫船体油漆透亮，周围有红木雕刻的栏杆，船舱两侧挂绣花帘幔，船舱内放红木桌椅，两侧挂字画。船体由船头、中舱、后舱和艄棚四个部分构成，通常烹饪船菜的地方，就在船末端的艄棚。

很显然，这样豪华的游船，面向的客人一定是达官显贵了。更加平民化一些的"快船"，大致能容纳五六位客人，价位也更接地气。沈朝初写的游船极有画面感，一句"稳坐到山前"，便写明苏州船菜的优越之处——宴饮同时还能欣赏姑苏美景。正月去光福邓尉寻梅，三月去苏州虎丘、寒山寺、岩灵山一带赏春，六月去黄天荡纳凉，八月去石湖游船赏月……四时游船，总有山水相伴。山水、音乐、香氛、美酒、佳肴，苏州人的精致生活，就在画舫荡起的一圈圈水波之上。书画船和船菜大概都很符合大部分人对江南的印象。

江南船拳，鼓乐震石湖

江南，一个烟雨朦胧中走出的温婉才女，琴棋书画、宴饮游船，仿佛就该如此。因而若要讲到江南船拳文化，很多人要大吃一惊。是的，江南的小船上，不仅有书画与佳肴，还有拳术演练。而苏州，正是江南船拳的起源地。

其实苏州自古便有习武的传统，专诸刺吴王的故事便是印证。苏州的水军活动起源也很早，早在先秦时期，就有了较为成熟的水军训练活动。如《吴越春秋》中写："周七里，以望东海。死士八千人，戈船三百艘。"民国《吴县志》载："吴县西南渔洋山麓有教场，相传伍子胥教练水军所筑，此外即太湖或泊船处也。"

到了明代，苏州经济繁荣，水盗问题却很严重，太湖流域盗匪盛行，为防御外敌、保卫自身，民间自发抵抗，自备武器，聘请武师，公开练武。由此看来，在苏州能产生船拳文化，实在是水到渠成之事。

从明末清初开始，苏州的拳船逐渐演变成一种民俗休闲文化活动。据方志记载，每逢立夏、端午、中秋，吴江、吴县等地的船拳高手便会登船献技。每年农历八月十八，石湖之上船拳活动尤盛，湖面之上，水波荡漾，轻舟如梭，标旗猎猎，鼓乐喧天。周边的乡亲们均来赴会，乘坐精心装饰的大小船只，聚于杏春桥下。看客们会往拳船上抛提前准备好的粽子一类糕点，以犒赏船拳师，待到演练结束后，只看哪家船上的糕点最多，便是哪家的表演最好。

随着交通工具种类的增多，如今船在苏州很难再现昔日光景，只剩一些旧日荣光的碎片。像一艘摇摇晃晃的小船，划过湖面的波光，经过苏州无处不在的河道，然后逐渐隐没于拐角……

但是苏州的水，会永远记得苏州的船。

古人赏花那些事

✽金陵小岱

每到气温回暖，春意盎然之际，南京的梅花山、扬州瘦西湖的湖上梅林、徐州的云龙湖、无锡的拈花湾……到处都挤满了赏花客。赏花，自古以来都是一件赏心悦目的雅事，古人更是极尽浪漫，把风雅玩到极致。

唐人赏花名目多

一提起大唐盛世，我们现代人的脑海里就会浮现出几朵开得正盛的牡丹花，那可是一代女皇武则天的最爱。每年到了花开之际，武则天都要搞个以牡丹花为主题的“赏花集会”，然后把大臣们都请来，有才华的吟诗作赋，抚琴唱和，没才华的也来凑个人气，一起助兴。

后来的唐穆宗也是一个“花痴”。据《玉尘集》记载：“穆宗每宫中花开，则以重顶帐蒙蔽栏槛，置惜春御史掌之，号曰括香。”穆宗作为皇帝，为了赏花，他居然一点都不矜持，直接就躺进了花丛帐里，然后深深呼吸，满脸陶醉。

不过说到底，武则天和唐穆宗都住在皇宫里，他们赏花的路子还不够独特，喝酒作诗躺花下这一类压根上不了“热搜”。

据《开元天宝遗事》载：“长安侠少，每至春时结朋联党，各置矮马，饰以锦鞯金辂，并辔于花树下往来，使仆从执酒皿而从之，遇好花则驻马而饮。”

唐代的公子哥儿们每到赏花之时，就会组个车队，每个人都坐上一辆豪华马车，车内有美酒佳肴，还有仆人在旁伺候着，只要走到有花的地方就立刻停车，下来赏花，顺带吃顿野餐。这种组车队赏花的形式在唐代特别流行，被称为“看花马”。

除了“看花马”，杨贵妃的哥哥杨国忠还发明了一个新的赏花玩法，叫“移春槛”。

上书又载：“杨国忠子弟，每春至之时，求名花异木植于槛中，以板为底，以木为轮，使人牵之自转。所至之处，槛在目前，而便即欢赏，目之为‘移春槛’。”

每年到了春天，为了赏花，杨国忠就把一些奇花异草堆在车上，每当他想赏花的时候，就让仆人拉着车跟着自己走，他满脸自豪地对围观的人说道：“快看，这样我随时

春风吹面薄于纱，春人妆束淡于画。
游春人在画中行，万花飞舞春人下。

就可以赏花了，这个办法是不是超酷？”

对于赏花这件事，杨国忠是会玩，但他万万没想到有一个叫鸾儿的美女比他还会玩。我们现代人出去春游赏花，尤其是姑娘们，总要跟花合影，有的还会拍一段短视频，拍完后，再加上特效，简直貌似天仙。但这位叫鸾儿的美女，她压根儿不需要 App 的技术加持，因为她可以自带特效。

鸾儿出自唐人冯贽的《云仙杂记》，她是有关“袖里春”的故事的主角。

据载，当年唐玄宗还是太子的时候，就非常喜欢春游赏花。为了能让太子注意到自己，侍妾们有的唱歌跳舞，有的吟诗作对，鸾儿心想这可能有点儿太过普通，于是她问唐玄宗：“太子殿下，您知道什么是‘袖里春’吗？”

彼时的唐玄宗毕竟青春年少，颇为好奇，于是鸾儿就在春游的时候，现场给他表演了一下。

其实为了这个表演，鸾儿早早就做了准备。她提前将轻罗裁剪成花瓣的模样，再把这些裁剪成花瓣模样的轻罗放在盒子里，用高级的香料熏上一阵子。等到了春游赏花的那天，鸾儿又混入了一些新鲜的花瓣，然后将它们全部放在袖子里。

到了表演之时，只见鸾儿在花丛间翩翩起舞，随着她轻盈的舞步，花瓣也一点点从她的袖口里飘散出来，这个画面简直就是传说中的天女散花。

在赏花时，见到了天女本尊，唐玄宗自是喜出望外，于是鸾儿就成了颇为受宠的侍妾。

宋人赏花格调高

唐代人赏花玩法这么多，姿势如此奔放，相较之下，清雅内敛的宋代人压根儿就不想“抄作业”，因为他们整出了一套自己的赏花仪式感。

是的，宋代人决定将赏花这件事作为春日里随处可见的日常，从庭院美化到家居布置，甚至是穿衣打扮、宴饮餐设，处处都要能赏花。

据《东京梦华录》载：“都城人出郊……四野如市往往就芳树之下，或园囿之间，罗列杯盘，互相劝酬……抵暮而归……轿子即以杨柳杂花装簇顶上，四垂遮映。”

就连出去踏青赏花坐的轿子，宋代人也要用杨柳枝、野花装饰一番。

既然赏花在宋代人的生活中如此重要，那么宋代人的朋友圈里，春日里什么花出现频次最高？

当然是芍药！在宋代，芍药花特别受欢迎，它的栽植数量与观赏盛况绝不亚于牡丹。

据载，当时的山东密州、河南陈州等地都举办过芍药花会，一时间风靡全国，前来赏花的人可以说是铺天盖地。

苏东坡在《玉盘盂》诗序有云：“东武旧俗，每岁四月，大会于南禅、资福两寺，以芍药供佛。”据说当时的芍药花会，聚花多达七千余朵，场面甚是繁丽丰硕，令人震撼。

除了芍药花天生丽质、气味迷人，宋代人如此青睐芍药还与一个故事有关。

据载，韩琦知扬州时，官署后园有一株芍药，其中有一枝芍药分了四个枝杈，每杈各开一朵花，上下红，中间有一圈黄蕊，这样的芍药被称为“金缠腰”（后又称“金带围”）。当时民间流行了一个传说：只要出现这种花，城内就要出宰相。

韩琦觉得这个说法很诡异，带着试试看的心理，他就约上了另外三位朝官一起赏花，以应四花之瑞。

当时王珪以大理评事为扬州通判，王安石以大理评事任淮南判官，这俩人都在扬州，韩琦就把他们请过来了。花有四朵，三缺一，韩琦就以州钤辖诸司使充数。谁知到了第二天，钤辖使忽然患腹泻不能来，韩琦就临时拉了一位路过扬州的朝官陈升之（一说是吕公著）来参加赏花会。

当这四个人凑齐后，韩琦把这四朵花摘了下来，他说道：“近日芍药赏花会，就我们四个美男子，来，我们每个人都簪花一朵！”

是的，你没看错，四个大男人，每个人的头上各簪一朵芍药，这个场景想想就非常香艳。更神奇的是，三十年过去后，正应验了民间的那个传说，这四个簪花的男子都当上了宰相。当年拉肚子没来的那位，大概肠子都要悔青了。

这个故事听起来不可思议，但可不是民间乱传的，沈括的《梦溪笔谈》就曾记载过，后又见于《后山谈丛》《墨客挥犀》等多种笔记，可信度还挺高。

由此可见，宋代人赏花能赏出风雅，赏出品位，还能赏出宰相。

明清雅士爱花成“吃”

春日里赏花虽然风雅，但前面几个朝代的人已经把赏花这件事给玩得淋漓尽致了。到了明清两朝，赏花想玩出新花样，还真是难于上青天。即使是明代的袁宏道，他写了部《瓶史》，专门教人插花赏花，但说起来依然不够新颖。

于是在明清时期，古人给赏花换了个思路：赏花要赏到胃里才是真。

这一点，其实前几朝的古人就已经很有觉悟了，他们用四时花卉做成各种食物，并将这些食物称为“花馔”。西汉的枚乘可是将芍药花酱与焖熊掌并称为“至味”，可见花馔自古以来就颇受欢迎。

或许是赏花的时候，这些花开得实在太美，于是在将它们做成花馔的时候，古人都选择了手下留情，道道都是“轻口味”，几乎没有古人拿几朵花来焖个大肘子，这是古人发自内心的惜花。

当然，也有例外，对于无荤不欢的古人来说，也有另类的吃法，如《清稗类钞》中就记载了一种“玉兰片瑶柱汤”。这个做法很特别：要先将玉兰花瓣浸水，切成小片；再加上水和绍兴酒把江瑶柱煮熟蒸透，取出撕碎；再与玉兰花瓣同煮，最后放入清汤和盐，便可以成功做出一道玉兰片瑶柱汤。

到了明清时期，注重养生的文人雅士们对于“如何赏花赏到胃里”这个论题拓展了许多新思路。

对于花馔，他们不再执着于制成花酒、花酱、花茶、花糕等，而是决定专注于鲜花的蒸馏工艺。

早在宋代，蒸馏工艺就由阿拉伯传入了我们国家，用蒸馏工艺制作“花露”成为明清时期的风尚，所有的香花香叶都可以蒸露。

清代的顾仲在《养小录》中记载，鲜花中制成花露最多的是玫瑰与蔷薇。

我们熟悉的清代小说《红楼梦》，在“宝玉挨打”那一回里，王夫人就提到了一种玫瑰清露，说这种玫瑰清露是胭脂般的汁子，只用挑上一茶匙冲泡一碗，就香气扑鼻。难怪宝玉在喝了玫瑰清露后，消停了不少。

而蔷薇，它本身就与玫瑰有着差不多的外形与香气，所以在清代也广受欢迎。

清代的《本草纲目拾遗》记载：野蔷薇香气最为甜美，如同玫瑰，人多取蔷薇蒸作蔷薇露。

不过，最会吃蔷薇的当属清人李渔，他曾在《闲情偶寄》中写道：“花露者……蔷薇最上，群花次之。”

他将蔷薇花露做成了一种花露饭，就是在刚煮熟的米饭上洒一盏花露，米饭就浸透了蔷薇的花香。据说这种花露饭，只要吃上一口，就可以“体泰神怡”。

除了玫瑰露、蔷薇露，还有海棠露。清代的冒辟疆在《影梅庵忆语》里怀念董小宛时，就曾提到了董小宛制作的海棠花露：“酿饴为露，和以盐梅……而花汁融液露中，入口喷鼻，奇香异艳，非复恒有。”

董小宛的海棠花露中居然还加了盐梅来调味，难怪冒辟疆赞美海棠花露“此独露凝香发”“味美独冠诸花”。

或许对于冒辟疆而言，董小宛的那碗海棠花露，无论是嗅觉上，还是味觉上，都将是他内心中永远的怀念。

不知这些古人吃完了花馔后，会不会连打个嗝都是花的香气？

古人在春日里开发了太多的赏花方式，无论是驾车出游、赏花闻香，还是组织雅集、写诗作赋，抑或在赏花之后，品花馔、宴饮助兴，这都是古人对生活的热爱与珍惜。我们现代人在钦慕古人赏花的智慧时，也应与他们一样，莫辜负大好春光。

西风起，羊肉香

❉谢玩玩

要是想吃羊本来的鲜美丰腴，就选清炖。咬一口，肉肥而鲜，放冷了尝，依然鲜美……

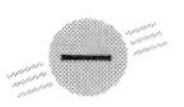

一

要说《世说新语》里我最佩服的人，不是嵇康、桓温那样流芳百世、自有骨节的英雄人物，而是桓温的幕僚——罗友。

罗友此人后世声名不显，却是个千载难得的奇人。

他记忆力很好，东晋永和三年（347），曾随桓温平蜀地，灭成汉。回建康后，相王司马昱问起成都情况，"蜀城阙观宇，内外道陌广狭，植种果竹多少"，罗友对答如流。因人家问一句，他立马就能抛出答案，回答太不假思索，司马昱和桓温心里便起了疑，觉得罗友是在胡编乱造。谁知让人把簿册拿出来核，某事某物和罗友说的完全一致，"曾无错漏"，顿时满座叹服。

这样的才干可不是谁都能有，只可惜，罗友早年仕途一直不顺畅，原因无他，行事太过散漫——后世提起魏晋风流，大多要赞名士们不拘礼法，仪态自然；但细考史书，很多人看似言行不羁，其实仍要顾全家族声誉，仍要汲汲于名利富贵，与其他时代，没有什么不同。但罗友不一样，他是真真正正不为任何虚名挂心的人。

小时候家里穷，吃不饱饭，罗友便趁天色未亮之时，去往一户人家，在大门口施施

然坐下。

主人开门，抬头猛见一人端坐，吓一大跳，几次定神，才看清这人乃是罗友，便问："罗郎君大清早来访，有何贵干？"

罗友看人家一眼，老老实实回答："听说你家今天祭神？我来讨一顿饭吃。"神情坦然，仿佛在说今日天气甚佳。

主人被他震住，最后竟真给了他一顿饱饭。罗友吃饱喝足，洒然而去，深藏功与名。

他后来为谋生去桓温府上做事。有天桓温设宴送人，罗友不请自来，坐了很久才走。桓温心里奇怪，把他叫住："你是有什么事要向我汇报吗？"

罗友缓缓摇头："我早就听说白羊肉好吃，但一直没机会尝。人家说今天席上有这道菜，我就来了；现在吃好了，没什么事做，就准备走了。"说完后，了无惭色，极其平静，竟叫桓温计较也不是，不计较也不是，拿他没奈何。

因他行事奇诡，往往出其不意，所以人家说他痴。可都云罗友痴，谁解其中味？羊肉是真好吃。

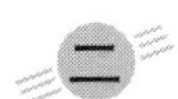

苏州西边的藏书镇，明清时羊肉就很出名了。最开始挑着担子走街串巷地卖，人家见这羊肉好吃，口碑慢慢树立起来，藏书乡周家场有个叫周孝泉的人，便在光绪二十二年（1896）开了第一家堂吃羊肉店，叫"升美斋"。据说，章太炎还来吃过呢！

深冬时节，细雪簌簌落在身上，笼着手进老字号——那时候的老字号多，什么"老义兴""老协兴""老源兴""新德和""老庆泰"，各有各的特色。

无论进哪一家，才坐下便有跑堂殷勤问。先上一盘羊杂碎，让客官你暖暖身。悠悠吃几口，细雪薄霜消融，身上有了些热气，却见面前已有了一份羊肉羹饭，细碎肉丝儿铺在饭上，汪汪汤汁儿慢慢浸下，连忙拿起筷子拌，"呼呼"吃几口，背上一层汗，好！

羊肉汤也好。放养的山羊切成几大块，旺火烧开，加盐慢熬，到肉烂味浓后，拆骨上桌，却见汤汁乳白可爱，羊肉香气直扑脑门。捞块羊肉干吃，没什么膻味儿；要再蘸些调料，膻味儿就更淡了。

要是想品尝羊本来的鲜美丰腴，就选清炖。咬一口，肉肥而鲜，放冷了尝，依然鲜美、不膻——这可是顶打顶的真好羊肉，不必用孜然、辣椒这些香料掩盖气味。

藏书镇的羊肉好，够嫩，"一刀切下去，会有血水滋出来"；且还是现杀、现煮、现吃，滋味鲜嫩，可想而知。只放一碗盐水蘸着吃——这是藏书羊肉最早的吃法——就已美味，何况现在还有红烧、脆皮、爆炒、烧烤等不同吃法，有羊肉水晶糕、清蒸羊肉、清蒸羊蹄、羊肉芦粽等许多品类，四五十种吃法，任君挑选。

不过，无论哪种吃法，煮羊肉，都得用木桶烧。

为什么非得用木桶？原理说不清，只知道从前藏书善人桥塘湾里有个人叫姚木碗——倒不是真叫木碗，只是他靠制作木碗为生，久而久之，人们便叫他木碗了。

有一天，姚木碗上山砍木头，却见有棵树下坐着两个鬓发全白的老人，一张棋盘摆在粗壮的树干上。他是做木碗的，对这种好木头自然会多关注几分，便不自觉地上前几步，却又被棋局吸引，默默看了半天。

两个老人正在下棋，也没注意到他，等发现时，只笑着说了句："你看棋太久，应该回家了。"

没等姚木碗说话，清风掠过，眨眼间什么老人，什么棋盘，统统消失不见，只有那根粗壮的木头静静地躺在面前。

姚木碗这才知道自己是遇到神仙了！

但神仙已去，踪迹难寻，忙自己的正事儿才好。谁知道转身找斧头，斧柄早已烂得不成样儿。树是砍不成了，好歹面前有段现成的好木，姚木碗便把这段木头背回了家——可回家哪儿有家？房子都塌了！不远处还有几座坟，都是他家人的名字。

姚木碗大惊失色，找人一问，才知道山中无岁月，世上已千年。好事还是坏事？到底说不清。

姚木碗也不纠结，把木头做成碗送给左邻右舍，当纪念这段缘分了。邻居们用这只木碗吃饭，都觉得比平常更香。

这事儿传开后，便有个卖羊肉的人找姚木碗，请他把剩下的木头做成桶，用来烧羊肉，味道果然更加鲜美。别人听说后，木桶烧羊肉，就成了藏书镇的一大传统了。

姚木碗遇仙这事，很像魏晋南北朝时《述异记》中的一个故事。都是上山伐木，看到人下棋，回去后人世已变。只是主角名字从王质变成了姚木碗，下棋的人从小童子变成了老人而已。

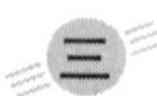

姚木碗遇仙的典故可以追溯到魏晋南北朝，吃羊肉的风俗，也可以追溯到那时。

魏晋南北朝时，北方"水草丰美，土宜产牧"，羊肉已很叫人垂涎。

当时养羊的人很多。北凉武宣王沮渠蒙逊，少年时便以牧羊为生；北魏末年的枭雄尔朱荣，在家乡秀容的牧场，"牛羊驼马，色别为群，谷量而已"，数量已多到无法以"头"计，只能按占的山谷大小算。

北朝民歌唱道："敕勒川，阴山下。天似穹庐，笼盖四野。天苍苍，野茫茫。风吹草低见牛羊。"这不算夸张。有时朝廷赏功臣，"羊二百口""羊五百口""赐帛千匹，羊千口"，动辄成百上千头；北魏、北齐时，若有人家里生了两个儿子，朝廷还会给五只羊作为奖励。总之，如果在北方生活，你在哪里都能看到羊（这或许是罗友的梦想之一）。

羊既然多，吃羊肉的机会当然也就多。北魏赵琰送儿子去冀州定亲，路上仆人顺手牵羊，赵琰命他送回原处，主人感激不尽，盛情邀请他们喝羊肉汤——得一羊，失一羊，算来还是自己愧对于人，所以赵琰"卒辞不食"，坚持不喝。

北魏末年烽烟四起，宗室元晖业"以时运渐谢，不复图全"，成天靠吃吃喝喝打发日子，一天能吃三头羊，三天能吃一头牛（这或许是罗友的梦想之二），可见北方人吃羊之普遍。

因他们常吃羊，羊的做法也多起来。煮羊肉、烤羊肉、蒸羊肉自不必说，对那时的人而言，羊浑身都是宝，肉、肠、蹄……，哪个地方不能吃？

灌肠炙，羊肉洗干净后，"细锉"。"锉"本身就有把东西弄碎的意思，中医有个说法，叫"上锉"，是把一些质地坚硬的药材，譬如沉香、檀香等弄成粉末的意思。灌肠炙时细锉羊肉，当然不至于磨成粉，但将肉锉得细之又细，却免不了了。羊肉锉好后，下一步是加料：盐、姜、豉汁、椒末，还有葱白，每样切得细细的，混在一起搅拌均匀，灌进羊肠衣后，一条羊盘肠就做成了。现在江苏那边的羊盘肠，大概也是这么个做法，只是用料更精细。

不过，羊盘肠做好后的吃法，古今就不大一样了。现在是煮，煮好后蘸酱料，跟魏晋南北朝时的"羊盘肠雌斛法"类似。羊盘肠雌斛法也是将羊盘肠煮好，再蘸酱和醋。但灌肠炙不同，是两条肠夹在一块儿烤，眼见带着葱姜盐香味的烟气升腾起来，肠衣渐皱，油滋啦滋啦地落——这时就可以抄刀子下嘴了。割上一片儿，味甚香美。

这些都是咸口儿，也是最常见的吃法，但魏晋南北朝吃羊，与后世不同，他们也吃甜口儿羊。

酸羹法，两副羊肠，六斤糖，再加葱姜蒜、豉汁、橘皮，味道有点像糖醋排骨，但又不全像。它糖加得多，尝起来更偏甜一些。还有羊百叶。一枚羊百叶与三升米、少许葱同煮到半熟；再把肥鸭肉、羊肉、猪肉分别细锉成末儿，混在一起熬成肉羹，"下蜜"，"令甜"！最后往这甜丝丝的肉汤里，加入半熟的羊百叶，煮好后尝一口，确实甜！

大多数时候，羊肉是主角，但有时候也做配角。譬如鸭臛法，先用酒把六只小鸭子、五只大鸭子煮熟，再加两斤羊肉，混入橘皮、生姜等作料——这些作料用量得准，三升葱、二十个芋、三片橘皮、五寸木兰皮、十两姜、五合豉汁、一升米，多一些不能，少一点也不成。混好后慢熬，十一只大大小小的鸭子、两斤羊肉，全部煮烂，最后只能出两斤左右的羹。舀一勺，尽是细细碎碎的肉末儿。

羊肉多，做法也多，但正因为它多且常见，所以要做到能让人家称赞的程度，就不是件容易事。也因此，有时机运来了，还能靠羊肉做官。

譬如毛修之，他本是南朝宋的冠军将军，打仗战败后，成了南朝宋敌国北魏的俘虏。起初他的境况不算太好，但因他给北魏一个尚书做了次羊羹——肉是绵软不烂，汤是浓稠适度，那尚书才尝一口，就恨不得仰起脖子一饮而尽，最后舌头还要旋个圈儿，把碗底舔干净，便让毛修之再做一份，贡给当时的皇帝——太武帝拓跋焘。拓跋焘一吃，也大赞此乃人间绝味，立刻将毛修之提拔成太官令，长留在宫里管御膳了。

毛修之做羊羹，是把羊肉和汤同煮，混了南方的吃法。胡人自己还有一道羊肉名菜，知道的人不少，叫胡炮肉，就是现在的胡羊肉。

其做法是：挑周岁左右的肥白羊，肉和羊油都切细——这是考验刀工的紧要关头，得切成柳叶子般粗细！再加入豉、盐、姜、椒、葱白、荜拨、胡椒……搅和均匀后，放到羊肚子里填满，缝好。这时地坑早烧旺，灰拨开来，余热未消，火红一片。羊肚放入，把两边灰火拨转回来盖上，扔几条长柴火到上面，点燃继续烧，一顿米饭的工夫，就能吃了。端上桌，先切羊肚。小刀轻划，肉汁儿便顺着小缝流出来；用刀尖将缝口稍撑大，热气蒸腾，羊肉香混着油脂香扑面而来。热气散尽后，见羊肚里热汤汪汪，成丝儿的碎肉牵连不断，捞一口下嘴，绵化成汁，烫烫落到肚里，真香！

在江南的山水间旅行，那些老巷深处有好些古宅值得你去拜访。珠打青苔，噗噗作响，一场雨，又落一地花。

风过有旧痕

✽王太生

袁宏道谈论山水养生时曾这样比喻："湖水可以当药，青山可以健脾，逍遥林莽，欹枕岩壑，便不知省却多少参苓丸子矣。"

南怀瑾异曲同工，讲述《法华经》"药草喻品"时说，这一品很妙，佛说："我的说法像下雨一样；大地山河上面这些草木都是药。"

山水治病，大地草木哪一样不是药?

北宋时，画家范宽，一个郁郁寡欢的高冷男子，像一条青绿的虫子匍匐于大地，"居山林间，常危坐终日，纵目四顾，以求其趣"。

至元代，"元代四大家"之一的黄公望，"终日只在荒山乱石丛木深筱中坐，意态忽忽，每往泖中通海处，看激流轰浪，虽风雨骤至，水怪悲咤，不顾也"。举止诡异，不免有些神经兮兮，其实他是在浸淫山水，为自己疗疾。

治愈一个人的，是山水。迈开步子走向山水间，说不定比药的效果来得还快。

我的一个朋友，睡眠不好，夜里睡不着觉，白天无精打采，像一根蔫了的黄瓜。有一次在郊外，听着嘤嘤虫声，他竟在一块大石头上睡着了。那次在大石头上安卧而眠，感觉特别踏实，连梦都没有做。从此睡觉质量比过去有所改善，自认为山水可以治疗他的毛病。他对我说，真想到乡间的野河上租一条小船，在春天的夜晚，闻着豌豆花香而睡。

用山水做处方，为自己治病。这时候，山水就是一味药。于青山绿水、韶光美景中，解除人生的痛苦和烦恼，寻求到个体的自由和快乐。

梅妻鹤子的林逋，性孤高自好，喜恬淡，自甘贫困，勿趋荣利。及长，漫游江淮，40余岁后隐居杭州西湖，结庐孤山。常驾小舟遍游西湖诸寺庙，与高僧诗友相往还。每逢客至，守门童子纵鹤放飞，林逋见鹤，则棹舟而归。

在江南的山水间旅行，那些老巷深处有好些古宅值得你去拜访。珠打青苔，噗噗作响，一场雨，又落一地花。我18岁时，第一次出门，去的苏州，踏访了沧浪亭。

宋代庆历四年（1044），文人苏舜钦来此建亭。亭立山岭，高旷轩敞，石柱飞檐，典雅壮丽，山上古木森郁，青翠欲滴，左右石径皆出于丛竹、蕉荫之间，山旁曲廊随波，可凭可憩。拾级至亭心，可览全园景色。看着眼前美景，苏大叔徜徉其间，他所受的那些大委屈，料应在吐故纳新间消弭不少吧！

古宅疗伤，用一砂锅煮药，闻着药香抄书，或者一边熬着草药，一边翻阅，不失为古人的一种读书方法。煮药的辰光漫长，尤其是冬夜，砂锅在炉子上熬药，文火慢煮，一星如豆，盖沿上水汽突突，水珠四溅，屋内药香氤氲。

疗伤时煮药抄书，有着它自然天成、不可比拟的佳境。先是一股暖流弥漫身边，细火纯蓝，瓦罐冒汽，抄书的环境温热而湿润。再是彼时的状态可谓不慌不忙，时间还早，不如做些其他事情，煮药抄书反而气定神闲，每一个字都抄得有板有眼。药香是挥发的，浓烈、醒神，奇香扑鼻，净化空气，渗透到布衣经纬。

有些古宅一见如旧，从此便不再相忘。

扬州片石山房，石涛和尚“搜尽奇峰打草稿”，建了这一藏身地。清军攻破桂林时，9岁的他不得不逃到全州，目睹国破家亡，满目沧桑，心情悲愤，从此便装哑扮傻，不与人语。长期积忧抑郁，遂患癫狂之疾。饱经磨难的他，隐蔽为僧，法名原济，号大涤子、苦瓜和尚，但他并未真正遁入空门，唯一让这个无家可归的少年感到欣慰的是，有了可清静绘画的寄居之地。青年时代的石涛游览了名山大川，在敬亭山居住过一段时间，晚年定居扬州，直至终老。

山水明心，古宅励志，雨过留烟色。

古镇同里退思园，为清朝官员任兰生被罢官返回故里后建造。任兰生被革职时47岁，正是一个行政官员最成熟的年龄。他回到老家，建了一座退思园，园名引自《左传》中的“林父之事君也，进思尽忠，退思补过”之意。古宅正是他疗伤养心的地方。

古宅如何疗伤？老建筑有楠木之气，那些沁人肺腑的香气，从门、窗、桌、椅散发而来，清人神志；走廊里少了那些喧嚣与争名夺利，一盏茶，一卷书，可以消磨一下午的辰光，眉眼间都是闲散气；庭院有嘉木，花枝勃发，生阳气，坐在窗下，或凭栏，人与花树相望。

据说，此园任兰生只住了两年，用两年的时间疗伤已经足够。之后他又复出，北上治水。

记得那年，我从江之对岸，带着一身扬子江上的水雾气，来到这有雨的江南小镇。在古宅，访主人不遇，茶盏微温，刚刚出门远去。

门扉处，风过有旧痕。

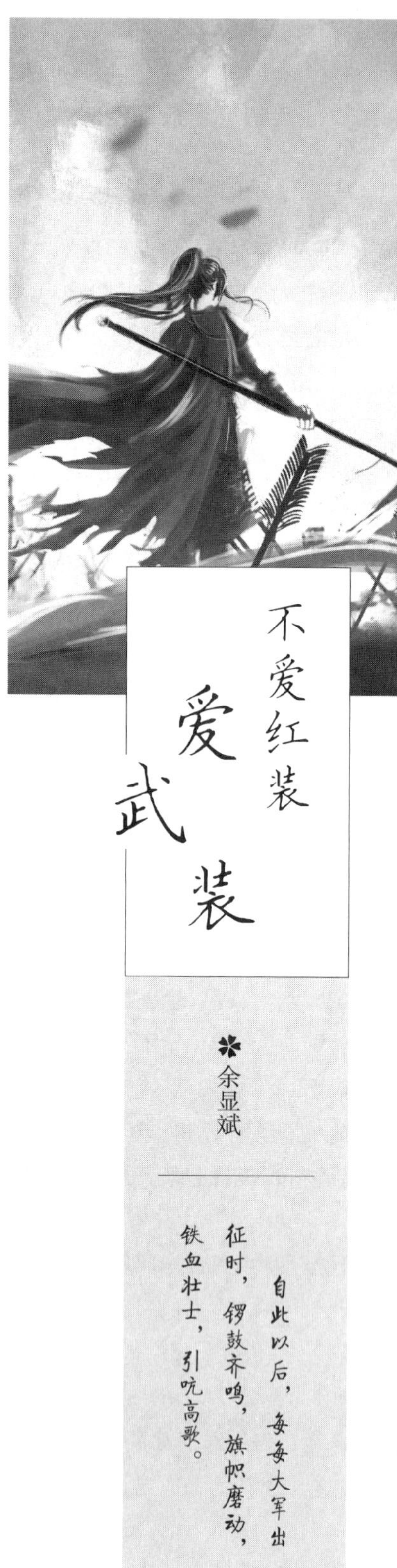

不爱红装爱武装

✽余显斌

自此以后，每每大军出征时，锣鼓齐鸣，旗帜磨动，铁血壮士，引吭高歌。

军乐，顾名思义，军中所用的音乐。其以集体合奏为主要表演形式，多气势恢宏壮观，乐曲浑厚流畅。这一文艺传统，我国古已有之。

唐代大诗人白居易就曾观赏过一支军乐，且当即拈笔写诗赞颂：

太宗十八举义兵，白旄黄钺定两京。
擒充戮窦四海清，二十有四功业成。
二十有九即帝位，三十有五致太平。

他观赏的，是太宗时代的军乐，也就是著名的《秦王破阵乐》。此乐奏鸣时充溢一股自信满满之气，以美乐颂太宗，音韵铿锵，满载盛唐风姿。

军神出场

其实，白居易诗歌里写得并不准确。他认为太宗是在十八岁开始率兵征战的，但事实上，唐太宗李世民开始他的戎马生涯时，仅十六岁。

当时，隋炀帝为了显示军力，带着部队一直开拔到雁门，却被突厥军队团团围困。隋炀帝无奈之下，最后想出一法，“从围中以木系诏书，投汾水而下，募兵赴援”，临时招募兵力来解围。青年李世民很快应征入伍，隶属于将军云定兴麾下。

当时，去救援的隋兵很少。面对此情况，李世民向云定兴贡献了一条计策：“虏敢围吾天子者，以为无援故也。今宜先后吾军为数十里，使其昼见旌旗，夜闻钲鼓，以为大至，则可不击而走之。不然，知我虚实，则胜败未可知也。”即以虚代实，拉长队伍，虚设旗鼓，张大声势，吓唬突厥人。

果然，突厥的侦察兵跑回去告诉突厥可汗，隋军这次来的部队，可是海了去了，前后绵延几十里。突厥可汗听了，登高一望，只见烟尘滚滚，旗帜如云，脸色顿时大变，立马带着部队撤离。

还有一次，在镇压一支敌军的时候，太宗的父亲李渊不慎落入敌人埋伏圈，太宗仅凭一张弓、一把长刀，硬是冲入阵中，救出老爹，“遂奋击，大破之”，上演了一曲倒转乾坤的大剧。

当然，相对于后来建立大唐以及开疆拓土的一些战争来说，这两次战斗，对太宗来说，只是热身运动，小菜一碟。以后，太宗带着大军败刘武周、克薛仁杲、捉窦建德、擒王世充，方才成为真正的不败将军，成为一代军神。

军乐诞生

正是在后来的一系列战斗中，名震四方的太宗军队才有了军歌。自此以后，每每大军出征时，锣鼓齐鸣，旗帜磨动，铁血壮士，引吭高歌。其他健儿一听，浑身热血更是一下就沸腾起来。

其军歌，开始名《破阵乐》，但唱着总觉得哪里少了一丝味道。这支军歌真正成熟的时间，是在武德二年（619）。

当时，有一路军阀，首领名叫刘武周，其占据并州后，派手下大将宋金刚带着先锋尉迟敬德，一路征伐攻取，陷沧州，占蒲州。面对此等劲敌，急火攻心的李渊准备“诏诸将弃河东以守关中”，他想把自己起兵的根据地山西一带弃了，只据守于关中一隅。李世民一听，忙出来挡住：“给我三万人，我去打败刘武周。”李渊想想，点头答应了。

于是，李世民带着三万人出发了。

他采取的是深沟高垒、疲劳敌人的战法，即躲在壕沟里，等啊等啊，一口气等了一年左右的时间，直到感觉刘武周的军队士气下跌了，鼓不起劲儿了，便突然率领大军冲杀出去，大败宋金刚。

宋金刚带着败军在前面逃时，太宗立刻带着大军在后面追。这是典型的闪电战，太宗“一日夜驰二百里，宿于雀鼠谷之西原。军士皆饥，太宗不食者二日，行至浩州乃得食，而金刚将尉迟敬德、寻相等皆来降”。

这场闪电战，彻底击垮刘武周。

这次闪电战，太宗还获得一员猛将尉迟敬德。

收获颇丰下，李世民率军凯旋。大胜之后，军队当然要唱军歌庆贺。沿途百姓，还有征战的军士，这次竟然自编自导自演，改变旧有歌词造了一首新曲：

受律辞元首，相将讨叛臣。咸歌《破阵乐》，共赏太平人。

歌舞并重

李世民的军乐传唱之后，也被其父亲唐高祖李渊接受了。反正大唐江山主要是靠这个儿子打下来的，要唱就唱吧。

而且，高祖还特别下发了一份文件，严格规定：“凡命将出征，有大功献俘馘，其凯乐用铙吹二部，乐器有笛筚篥箫笳铙鼓歌七种，迭奏《破阵乐》等四曲。”将军乐从此规范化。

《秦王破阵乐》，从此成为大唐海陆两军军歌。此外，朝廷还特别规定：出征命将的时候，或者胜利归来献上俘虏的时候，都一定要演奏《秦王破阵乐》。在演奏的时候，要用各种乐器配合，壮大声威，营造一种战胜攻取的气势。

也就是在这支军乐中，太宗仗剑骑马，走向他的一个个辉煌，一直到他登基，到他当了皇帝，到他成为天可汗时，召见客人，宴饮外宾，都演奏这支音乐。

更精益求精的是，此时的军乐演奏中，已经配以舞蹈了。

这种舞蹈，彰显的是盛唐男儿气，戈矛交辉，铁甲铿锵。跳舞的队形，是太宗亲自编排的，然后“令起居郎吕才依图教乐工百二十人，被甲执戟而习之”，是一支典型的军中歌舞。

在以后的战场上，在灭突厥、败吐谷浑等大战中，大唐健儿也是唱着这支军乐走向四方的。

军乐缺憾

贞观七年（633），太宗的文治武功，已经登峰造极了，其“自古功德兼隆，由汉以来未之有也”，算是真正的千古一帝了。

正是在这一年，太宗命令：将《秦王破阵乐》改名为《七德舞》。因为他觉得，作为帝王，以马上得天下，固然要时时回顾；但是，更要以德治理天下。这种理念，也需要在军乐中有所彰显。

但是，他太爱这支军乐了，所以，歌词和舞蹈内容都没有改。

事实上，他的军乐，很多人明显地看出了其中不足。究其根本，它只是歌唱了一种大唐军队的气势，以及将士们的英武和统帅的英明。但是，关于具体打败了哪些敌人，却没有点明，更没有刻画敌人战败投降，或者被杀时可怜巴巴的样子。

对于这一点问题，不知为何，颇懂音乐的太宗从来没有提出修改。

还是在这一年，因天下一片富足，太宗很高兴，“宴三品已上及州牧、蛮夷酋长于玄武门”。他一高兴，就有一个招牌节目——演奏军乐。

于是，鼓声咚咚。

于是，各种乐器演奏起来。

于是，雄壮的歌声唱起来，大唐的健儿舞起来。

太宗开心得红光满面。

这时，他很信任的大臣萧瑀走过来，悄悄告诉他：“皇上，您的这支军乐实在不够尽善尽美呀。”

太宗一愣，问哪儿不够好。

萧瑀告诉他：“《七德舞》形容圣功，有所未尽，请写刘武周、薛仁杲、窦建德、王世充等擒获之状。”萧瑀认为太宗应当将打败擒拿这些人的情状，详细刻画，以显帝王的神威。

太宗摇着头坚决否定了，他告诉萧瑀：“彼皆一时英雄，今朝廷之臣往往尝北面事之，若睹其故主屈辱之状，能不伤其心乎？”太宗觉得那些人都是一代豪杰，他们的部下中有很多人现在都投奔了我。要是让他们看见过去的上司被活捉、被杀死的情境，难道不伤他们的心吗？

原来，太宗早已知道，这支军乐有不够完美的地方，他一直没有改，是因为出自天可汗的仁心。

有种缺憾，竟然如此感人。

孤鸿远客

人生似水无涯，

春衫酒痕污

乔致庸：吟彼乔木诗

✽彤管有炜

他有着最为理想主义者的纯粹，抛掉一切而在心中存在的乌托邦那么美好，即使达不到，他也要一砖一瓦地建着，像是个执拗的孩子。

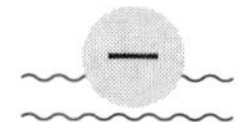

一

大概许多人都在那座深深的旧宅中见过他。

一个小小的城，一座清末的民院，每天都有四面八方的游客穿堂而过。不过都像是一阵阵不安的风，匆匆地，走马观花地走走看看，再在有着他画像的镜框前小小地驻足，似是就同这百年前的老人来了一次世纪性的会晤。

没有人见过他骑过的五花马，没有人知晓他穿上的千金裘，到了最后，就连他的名字也忘却，像喝了一杯遗忘的酒，丢了个一干二净。

他没有半点商人的味道，倒像个文人。乔致庸，这自口中而出的平平姓名，那众人皆见的细瘦面容，好像一座山般将当年的层叠波澜遮掩，让人忍不住就想去寻找，这曾经富可敌国的男子身后如江河一般壮阔的传奇人生。

二

乔致庸走上从商之路，是颇为戏剧性的。

乔家祖辈虽是自商路发家，但到了第三代乔致庸这里，多年的小心经营已然使其成了衣食不愁的富裕之门。

因此乔家一族不再只寻求最简单的生活之需，而是随了几千年来的儒家思想，总想能出几个读四书五经的文人，若是能有幸及第，算是最为正统的光耀门楣的好事。而乔致庸最初的人生设定便是这般的。

乔家当时有三门，乔致庸自幼父母双亡，属于第三门应接的家业就落到了乔致庸兄长乔致广的肩上。兄长像是一棵大树一般撑起整个家族，将所有的困苦艰难都隔绝其外，一心一意希望乔致庸能够走学而优则仕的道路光耀门庭。

乔致庸在少年时代从未想过走商业之路，他不过是个爱读书会读书的富家子弟，无忧无虑，张扬而执拗。

可是谁都没有预料，上天跟他开了个莫大的玩笑。

那年乔致庸已经中了秀才，文人之路已经在他脚下开启，却未想到大哥因为家中生意之事而殚精竭虑，一病不起，离他而去。这一变故就像是一盆凉水兜头而下，把他浇了个彻头彻尾。

乔致庸没有任何退路，连眼泪都来不及流，就如同他少时仰头而望的兄长那样，像一棵树般将家中商业之重担扛起，自此无惧风雨，也必强悍如铁。

曾经像一层雾般朦胧的商业之貌掀起面纱，忽然在乔致庸眼前赤裸裸地展开，那是个如战场般险恶又如江河般壮阔的城池。乔致庸一头扎了进去，再不回身。

三

乔致庸在商业上竟是颇有天赋的。这或许是因为他耳濡目染，也或许是因为他不得不为，但更多的，是因为他多年无忧岁月和无数书本研读浸染而成的敢想敢做的性格和聪明睿智的头脑。

当兄长病亡，乔家生意遭受重击，他头顶上的一片天要他的脊骨去撑的时候，他没有自怨自艾，而是能够静静地坐下来，像是一头休养生息的狼，把周围所有的环境一一看进眼中，而后不偏不倚，直击要害。

乔致庸接管乔家的第一步，就是要疏通南方的茶路和丝路。

那时正值咸丰初年，腐朽的清朝末期使得各方势力并起，战乱不断，交通不利，各个地方的商家都苦不堪言。而身处祁县这个交通枢纽小镇的乔家，更是深受其害，失去了往日可以兢兢业业的机会。

占据三分之一生意份额的茶叶和丝绸迟迟不能往来运送，赖以为生的手段便失了效用，整日惶惶，似在悬崖边摇摇欲坠。

自南方潮湿的武夷山，至北方寒风猎猎的蒙古，这长长的茶路哇，不知道凝结了多少人的泪水与汗水，但乔致庸一定也曾是那万千之中的一个。他也曾一点点地抚过那些被太阳晒得发红的土地，一直向前，向前，而当他的目光遥遥地望着，不知穿过了多少光阴，成为先于那个慌乱红尘的极少数敢于刺破时代的人物。

运送货物的艰难和金银的笨重与不便日益凸显，乔致庸逐渐意识到票号的重要。

票号，虽然那时已有，但是范围还是很小，这个堪称古代金融机构的场所，可以用最便携的纸质银票去汇兑银两，简直是最为方便的金银流通工具，那样就再也不用千里迢迢地冒着被抢劫的风险而拉着一箱箱笨重的金银四处奔走。

但这需要多么高的成本和风险哪！乔致庸却从未因此而退却。可以说，清朝末期票号的兴盛，有着乔致庸不可磨灭的功劳。

乔致庸没有寻常商人的畏畏缩缩，这或许是因为他身上不羁的文人性格，也或许是因为他独到辛辣的眼光，这一生而只有一场的战役，他从未退却，也必胜利。

他有着最为理想主义者的纯粹，抛掉一切而在心中存在的乌托邦那么美好，即使达不到，他也要一砖一瓦地建着，像是个执拗的孩子。

他希望有那么一家票号，建在和平江山的各个角落，有朝一日，可以像是一个最安全的金屋，不藏娇，而是为着天下各路商人的便利，汇通天下！

虽然这听起来不可能，但乔致庸偏偏要一步一个脚印地往前踏。他凭借着乔家早年的资本，开了大德通和大德丰，并经过此后多年的经营，成为全国性的大票号。而他也凭着这一方面的先见之明，迅速积累了财富，从最初的十几万到最后的百万千万两。

四

无法想象，乔致庸是如何将这样雄伟的商业帝国建立，并久坐其上，在他有生之年，不曾坠落的。但这一切也是有迹可循的。

乔致庸知人善用，像是鸟类爱惜羽毛一般爱惜人才。

阎维藩，本是一个有胆识又有经营头脑的人才，他曾是蔚字号某分庄的经理，却因为和总号有嫌隙，打算辞职返乡。这消息传到乔致庸耳中，他第一时间就决定要将这人收入麾下，于是便派其子备了八抬大轿等在阎维藩的返乡途中。

这多日的等待和殷切的爱才之心，深深打动了阎维藩，如此厚待和礼遇不就是他求的盼的吗？因此多年后阎维藩经营的大德恒票号日益兴隆，全凭乔致庸那年最为热忱、最为赤诚的求才之情。

还有马公甫，本是个复盛公商号里的小伙计，乔致庸一眼瞧到这人的骨子里，不拘一格地将这人提拔，使得其后盈利不少。这事情在当地商界留下谚语：马公甫一步登天。

可以想见，乔致庸从商，从不为自己设定框架，任何人都有有才华的地方，并不因为学问或是经历而受到限制，因此他将这一原则发挥至最大的可能，为其后乔家的商业帝国铺下了坚实的基础。

而乔致庸最令人敬佩的，是他鲜有普通商人的自私。多年读书，使得他豁达大度，性格恬淡，宅心仁厚，这也就使得他在不经意间，将儒家思想带入了经商之中。

诚信经商是乔家一直铭记并奉行的准则。他们的东西从未缺斤少两，也不会弄虚作假，让人觉得受到欺骗。乔家总能将身份放到最低，不论平民还是贵族，都能一视同仁。

而乔家更是随了乔致庸的仁厚，曾经为了能够让穷人吃上好粮食，便将上等米面掺到普通米面中，获得了许多市井中的赞赏。

乔家永远都不会没有主顾。这大概就是乔致庸所求的，作为一个商人的仁义与责任。

“人弃我取，薄利广销，维护信誉，不弄虚伪”，这是乔致庸多年行商准则，他从未越过底线一步。而不把利摆首位的他，其后竟富可敌国，不知要让多少狭隘的生意人眼红心妒。

这或许是他应得的，他一生行善，常常救济灾民，开仓放粮。他比当时的政府做得都多，做得都好。

五

乔家其后的生意越来越大，乔致庸因此也对人脉有着精准的经营。

当年李鸿章组建北洋舰队，听闻晋商富甲天下，便从乔致庸那里得到募捐十万两，算是有了交情。这是行商之人在当时不得不行的交际，乔致庸也便顺顺当当地做着，总是为了乔家生意繁盛，不受侵扰。

乔致庸长袖善舞，八方交往，与当时陕甘封疆大吏和山西官员都有着经济上的交往。庚子事变之后，慈禧太后西逃，乔致庸便凭着这一手的人脉使这老佛爷的行营设在其大德通总号，并且慷慨借给朝廷几十万银两，得以获得当时最大的官家的庇护，从此更是声威远扬，影响颇广。

自此全天下的人大约都知道祁县有乔家，乔家有个“亮财主”，颇为大方。而自乔致庸将这位慈禧太后的人脉也收入手中后，朝廷松了口，因为战乱而无法进行公款汇兑，朝廷再次开放民间公款汇兑，山西各家票号都获利了。

那时的乔致庸虽然不可说富可敌国，但他确实已经算是掌控了清朝经济的半壁江山，而他一如当年一般恬淡，床头放着书，心里揣着不能说出口的遗憾。

六

到了他的晚年，乔家资本日益雄厚，他反而松了一口气，只将家业托付子孙，闲居看书，闭门课子。但乔致庸也不曾将眼光从这个多灾多难的国家身上收回。

1901 年，列国攻打这头病弱的东方雄狮，继而同软弱的清政府签订耻辱的《辛丑条约》，要求 4.5 亿两白银的赔款。

大量白银流入国外，从不想置办家宅的他为了不让外国人拿走中国人的钱财，大手一挥，掷重金扩建祖宅。

乔致庸，他没有辜负任何人。

当年老的他拄着拐杖，站在这一只只红灯笼点亮的庭院中，他是否在内心中为自己在这样波澜壮阔的历史中成为一个商人而快乐呢？

他是否遗憾，他曾经简单的文人命运，因家族而改变，并同这清末的轨迹交叠，再不回头呢？

不得而知。

但作为一位商人的乔致庸，如此特别，也曾辉煌，他将自己的一生都付出，像是一棵树般将家族甚至将人民与国家都一一撑起。

因此当吟诵“吟彼乔木诗，一夕常三叹”时，我忽然觉得这是乔致庸一生的写照。

但哪怕有落叶不再的哀叹，又有谁会错过一棵树的繁盛与静好呢？

沈宛：璀璨烟花后，人生皆是余烬

✿寇研

回首当年，沈宛与纳兰性德初见时，年轻的她认为自己何其幸运，期待余生都将与他携手，共睹一场盛大的烟花。

谁念西风独自凉，萧萧黄叶闭疏窗。沉思往事立残阳。

被酒莫惊春睡重，赌书消得泼茶香。当时只道是寻常。

——纳兰性德《浣溪沙》

这是纳兰性德悼念发妻卢氏的词作中，最为人熟悉的一首。两人琴瑟和鸣，恩爱无尽，但命运无情，这一世的夫妻情分在三年后戛然而止。随后续弦官氏进入他的生活，也未能在他的心海激起一丝涟漪，相反只让他困守围城，倍感孤独，也更为怀念从前与卢氏赌酒泼茶的神仙日子。

这孤独大约也像纳兰性德的顽症寒疾，月月年年蚕食着他的身心，令他不堪其苦。终于，在康熙二十三年（1684）他的而立之年，他苍白的感情生活添了几许色彩。

明末清初的江南，不仅生活富庶，风景秀丽，文化风雅，更涌现了一批精通琴棋书画的才妓，如王微、顾媚、董小宛、柳如是等，而她们与大才子们的爱情传奇，如董小宛与冒襄、柳如是与钱谦益，久久在民间传播，从闺阁到茶馆说书到诗酒雅集，都能听到她们的传说，自然也会让人对这样的浪漫爱情心生向往。

大约也是在这个念头的驱使下，纳兰性德希望能在江南觅一位红颜知己。可作为御前侍卫，随侍皇帝是他的职责，纳兰无力脱身，只得拜托好友代为寻觅这样一位佳人。在给顾贞观的信函中，他说："吾哥所识天海风涛之人，未审可以晤对否？弟胸中块磊，非酒可浇，庶几得慧心人以晤言消之而已。沦落之余，久欲葬身柔乡，不知得如鄙人之愿否耳。"

"天海风涛之人"即才妓。"晤言"引自《诗经·陈风·东门之池》中的"彼美淑姬，可与晤言"，意即他若满意，会纳此女为妾。

给顾贞观的另一封信中，纳兰再将此事托付："顷闻峰泖之间颇饶佳丽，吾哥能泛舟一往乎？前字所言半塘、魏叟两处如何？倘有便邮，即以一缄相及，杪夏新秋，准期握手。又闻琴川沈姓有女颇佳，亦望吾哥略为留意……"

峰泖，泛指上海松江一带，琴川乃江苏别称，沈姓女即沈宛。已有好友向纳兰推荐沈宛，但未及见面，他难下决定，所以请求至交顾贞观在替他"考察"沈宛的同时，再多多留意别处的佳丽。从松江到江苏，纳兰的选妾活动颇有些"广撒网，多敛鱼，择优而从之"的意思。在那个时代，从他的立场出发，他的做法自然无可指摘。只不过，沈宛作为鱼池中的一条"鱼"，命运伏笔已在此处埋下了。

很快，江南传来了好消息。沈宛通过了考察，旋即顾贞观为她赎身，亲自送她北上京师。正在随驾康熙南巡的纳兰性德得知这一消息后兴奋异常，立即派出家中仆人沿途护送。

岁末，康熙回京，纳兰终于能抽出时间晤佳人、置别馆了。依康熙朝律法，满汉不得通婚，又因只是纳妾，没有大操大办的必要，纳兰只请了几个好友小聚，算是对两人的婚礼做个小小的见证。一位好友作词记录了此事。

佳人南国翠蛾眉。桃叶渡江迟，画船双桨逢迎便，希微见，高阁帘垂。应是洛川瑶璧，移来海上琼枝。

何人解唱比红儿，错落碎珠玑。宝钗玉臂樗蒲戏，黄金钏，幺凤齐飞。潋滟横波转处，迷离好梦醒时。

——《风入松·贺成容若纳妾》

樗蒲，是一种类似掷色子的游戏。词的上阕交代了沈宛的来历，下阕描绘宴饮情形。这首词勾勒出了一个歌姬在宴会上的形象：不娇不怯，游刃有余，不论唱曲跳舞还是掷色子猜酒，都手到擒来，眼波流转处，妩媚尽显，千种风情。能想见，作为歌姬的沈宛参加这种宴饮应该很多次了，在别人眼中她的一举一动都赏心悦目，实则不过是苦练多年只为糊口的看家本领。

今天是她嫁作人妇的好日子，她或许还没来得及斟酌，便以自己最习惯也最拿手的形象示人了。仔细想想，这花好月圆的婚宴中，又荡着一缕幽幽的悲凉。

沈宛以江南女子特有的温婉和才情，打动了纳兰性德那颗僵冷多年的心。郎情妾意，新婚宴尔，在与沈宛的相处中，纳兰或许找回了几分从前与卢氏相知相爱的感觉。但现实的残酷很快粉碎了这场绮梦。

沈宛来自汉族，又是歌姬出身，纳兰自己是御前侍卫，其父纳兰明珠更是朝中重臣，来自家庭的阻挠必定是少不了的。何况纳兰还有一个彪悍的母亲。据传，纳兰明珠因赞一个侍女的眼睛好看，她便将此女的眼睛挖了下来送给丈夫。有这样一位重量级河东狮吼坐镇府邸，沈宛的日子可想而知。

雁书蝶梦皆成杳，月户云窗人悄悄。记得画楼东。归骢系月中。

醒来灯未灭，心事和谁说？只有旧罗裳，

偷沾泪两行。

——沈宛《菩萨蛮·忆旧》

沈宛词集《选梦词》存有五首词，这是其中之一。困守寓所，孤灯明灭，光影相叠，闪烁着深深浅浅的心事。想将这心事说与人听，人却在千里之外。或者哭泣是一种发泄，但也许连哭都是悄然无声的，生怕被人听见，惹来风波。

转眼到了康熙二十四年（1685），暮春五月，纳兰性德召顾贞观等好友于府中小聚，不料旧病复发。纳兰困于寒疾，沉疴多年，每年秋冬时节便会发病："曾记年年三月病，而今病向深秋。卢龙风景白人头。药炉烟里，支枕听河流。"

或许纳兰侥幸认为暮春时节，气候温暖宜人，复发的寒疾不足为虑。可这次的病来势凶猛，不同以往，竟在七日后要了他的命，他"七日不汗而死"，年仅三十岁。此时沈宛与他做夫妻不过半年。吊诡的是，纳兰逝世这一天是五月三十日，恰是他发妻卢氏逝世八周年的忌日。

此时，沈宛已有孕在身。

按现代人的认识，七日弥留，纳兰当有足够的时间为沈宛与自己的遗腹子做好安排，沈宛虽只是一个妾，但他将她从江南带到京都，某种程度也该负一定责任的。不过从结果来看，并非如此。

数月后，沈宛诞下一子，取名"富森"，入纳兰族谱。此后，沈宛从纳兰旧友的视线中消失了。

她离开的时间无考，有人认为其实在纳兰去世前两人已断了姻缘，有人推测沈宛是照顾富森至两三岁后，与纳兰明珠夫妇谈妥条件，离开纳兰家的。不过不管哪种缘由，沈宛终归是被扫地出门了，她的出身使她没有资格成为自己孩子的母亲。

在那个时代，对于一个妾来说，"去母留子"是常见的做法，于礼法于家规，都不僭越。对于当事人而言，处理这类问题最简单的方法一定是恪守规矩。只是这种恪守，从现代人的视角看，有一种冰冷的残忍。

离开后沈宛将何去何从？不过再度流落人间卖艺为生罢了，她这样的人，最常见的命运大约不过像白居易《琵琶行》中的歌姬，老大嫁作商人妇。可不管怎样，骨肉生别的悲痛，终其一生，唯有自知。

惆怅凄凄秋暮天。萧条离别后，已经年。乌丝旧咏细生怜。梦魂飞故国、不能前。

无穷幽怨类啼鹃。总教多血泪，亦徒然。枝分连理绝姻缘。独窥天上月、几回圆。

——沈宛《朝玉阶·秋月有感》

这首词出自沈宛《选梦词》，可谓字字血泪，不忍卒读。因了纳兰性德的缘故，《选梦词》在清代备受关注，人们赞沈宛的词风"丰神不减夫婿"，又给了她一个称呼——纳兰妇。

回首当年，沈宛与纳兰性德初见时，她不过十七八岁，才情美貌并举，但依旧胜在年轻。彼时纳兰已近而立之年，已是蜚声天下的大才子，他的词作在人间广泛流传，连沈宛自己都能一口气背出很多，外加纳兰煊赫的身份和家世，他对沈宛而言，就像天上的神仙，遥不可及。

可是有一天，这位神采飘逸的仙人下凡了，站在她的面前，拉起她的手。那一刻，年轻的她认为自己何其幸运，期待余生都将与他携手，共睹一场盛大的烟花。

的确，纳兰性德的一生就像一场烟花，璀璨夺目，华丽绚烂，但是转瞬即逝。沈宛则是这场绚烂烟花后的余烬，湿冷清寂，满目狼藉。对于纳兰性德在自己人生扮演的角色，沈宛既没有猜出开头，更没猜到结局。

元好问：命运不过脚下一条路

序

汴京城破，金国的大溃之日来临了。

野蛮的蒙古兵从城门冲了进来，开始享受他们的战果。

他们进入了金哀宗的宝殿，然后开始嘲笑这个逃跑皇帝的无能。他们闯进来不及逃走的达官显贵家里，抢走丝绸、陶瓷和主人的性命。他们持刀踹开百姓的房门，掠夺财物和妇女，出来时刀口便有了几点血渍。

而在初期的犒军放纵后，他们更是开始了有组织的屠杀。整座城市作为一颗胜利的果实被挤榨出红色的汁液。

大火从汴京百姓的房屋里烧起，猛烈的火光照亮了无数百姓们惊恐的面容。蒙古军的战利品和金民的尸首堆成了两座小山。

和无数的百姓一样，此时的元好问蜷缩在汴京的一角，试图以某种方式来反抗命运的安排。

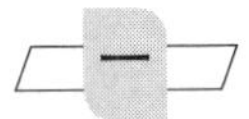

一

金章宗明昌元年（1190），元好问诞生在忻州农村一个世代书香的士大夫家庭里。

由于他的二叔和三叔都没有儿子，元好问又是父亲的第三个儿子，于是按照当地传统，在他七个月大的时候，他就被过继给叔父元格当过继子了。

元格是掖县县令，膝下无子，他对元好问确实是视如己出。尽管也曾有过元格的过分管教和几次搬家这些不好的事，但跟随元格的那些年是元好问一生里难得的好时光，在那些年里他受到了良好的教育，也对世界有了一个初步的认识，并且在十六岁之后开始参加科举。

而这样的幸福生活，就在元好问十六岁以后结束了。

元好问十七岁那年，元格被罢去陵川县令之职，家里的条件一落千丈。而元好问也被迫正式开始了他那充满苦难的生活。

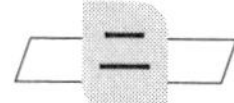

元好问自幼天资聪颖，七岁就能写诗，被人誉为“神童”，十一岁时，又得到了翰林侍读学士路择的赏识，路择“爱其俊爽，教之为文”，十四岁时，元好问更是师从陵川人郝晋卿，达到了博通经史、淹贯百家的水平。

尽管他文化水平很高，但从十六岁起开始参加科举考试后却是连考多年不中。究其原因，与金国统治者对汉人的歧视性政策有关。而从元格被罢官那年开始，元好问的科举之路就变得更加艰难，他开始需要在读书的间隙通过工作来补贴家用。

二十三岁那年，元好问家里更是发生了一场大变故。

那一年蒙古大军突袭元好问的老家忻州，并在忻州城破后大肆屠杀百姓，“屠城十万余众”。祖居在此的元家也不能幸免，元好问的亲哥哥元好古就在此次惨剧中丧生。

当时的元好问，由于在距祠堂几十里外的定襄遗山读书而侥幸逃过一劫。

兵祸结束后，元好问举家迁往河南。

在拖着沉重的行李逃难时，想着自己死去的兄长、残破的故居，看着一脸疲惫的家人和跟着他们一起逃难的无数人群，元好问突然很想做些什么，却又无从下手，最后只能一脸迷茫地看着前路。

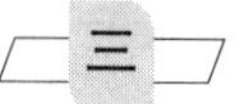

公元1221年，三十二岁的元好问终于获得了进士及第的机会，但因科场纠纷，他被诬为“元氏党人”，他愤然不就。直到三十五岁时，他第二次登第后，才正式就选。

当时的大形势是：南宋因北伐失败造成保费翻倍，蒙古国铁木真一统草原做大汗，西夏被统一后的蒙古打得不成样子，金国当时则因为黄河泛滥和外敌打压导致整个国家在走一个很大的下坡路，除少部分地区还在发展外，其余各地几乎都是灾殃四起——元好问在的地方就是那少部分地区之一。

进士及第后，元好问开始有机会历任一些小官，包括权国史院编修、镇平县令、南阳县令等，这些官职虽然权职不大，但他都干得兢兢业业。

作为金廷中的汉人，元好问免不了要受到一些排挤和压制，但他自己并不以为意，他知道不同民族的隔阂无法轻易消除，但大家同是大金的官员，凡事所虑应以国家为先，尽管此时这个国家的前景并不乐观，他仍然积极写道：“几时却到承平了，重看官家筑晋阳。”

但局势的恶化之快很明显远超元好问的预料。

在元好问因政绩调回汴京后不久，金兵就在凤翔战役中大败，大金显出亡国之势。

第二年五月突发的一场气候灾害更是使汴京发生了饥荒。

京城里物价飞涨，一斗米卖到了二十两白银。元好问看见饿疯了的百姓围攻贵族的宅邸，拆了木头烧火，撕下皮革煮食。

伴随暴动而来的是瘟疫，仅仅五十天，汴京百姓就死伤过半，而元好问最疼爱的小女儿阿香，也没有幸免，永远地离开了家人。

泣血椎心之痛，让元好问也不禁对天长叹：

白骨纵横似乱麻，几年桑梓变龙沙。

只知河朔生灵尽，破屋疏烟却数家。

——元好问《癸巳五月三日北渡三首》（其三）

四

公元 1233 年，汴京城破。公元 1234 年，金亡。

金亡后，元好问随着金朝大批官员被俘，并被押往山东聊城。

前往聊城前，元好问曾向当时任蒙古中书令的耶律楚材推荐了五十四个中原秀士，请耶律楚材予以保护和任用——他为什么要给出这份名单呢？这五十四名秀才不会让大金复国，但却有可能在战后让人民的生活更快恢复。而他自己，却踏上了北渡的路。

北渡的路上元好问不胜悲哀，提笔写道：

道旁僵卧满累囚，过去旃车似水流。

红粉哭随回鹘马，为谁一步一回头。

——元好问《癸巳五月三日北渡三首》（其一）

写罢，元好问号啕大哭。

好在元好问毕竟是有盛名的大文人，元军并未杀了他，反而几次三番请他出仕，但都被元好问再三推辞了。

五

数年后，年近半百的元好问总是重新回想起一件事。

那一年，旷野的天空里突然传来一声大雁的哀鸣。元好问抬头望去，只见一只身上斜插着箭矢的大雁从天空坠落，砸在地上溅起了一阵灰尘。

远处的捕雁人寻迹赶去，想要捡起捕获的猎物。

但就在这时，天空却又响起了比刚才死去的大雁还要凄厉数倍的哀鸣，在这惨厉的叫声中，另一只大雁收起翅膀从天空坠地，摔死在了第一只大雁的身边。

生而同飞，死而同地。

那一年不过十六岁的元好问呆立原地，当时他的第一想法是：“问世间情为何物，直教人生死相许。”

而五十余岁的元好问重新回想起这件事，却品出了新的意义。

“如果大雁都能在生死之外找到自己的意义，那么我呢？”经历过国破家亡后，元好问喃喃自问。

“命运不过是我脚下的一条长路，苦难不过是眼前的一点风霜。我救不了这个国家，但我要将这个国家的历史记录下来。它存在过，辉煌过，它不该被忘却。”一个声音从心底缓缓回答。元好问接受了这个回答，也试图去践行这个回答。

他先是整理了金朝诗人的诗作，收录成《中州集》十卷以做尝试，而后便开始凭一己之力为故国修史。

六十岁时，元好问由秀容往真定，客居总府经历张德辉处，筹备刻刊《中州集》。

六十一岁时，在“得足痿症，赖医者急救之，仅免偏废”的情况下，元好问抱病亲往顺天路万户张柔处，抄录《金实录》（《金实录》于公元 1233 年汴京城破时被张柔取走保存，公元 1261 年献给蒙古朝廷）。

六十六岁时，元好问的《中州集》终得出版。

六十八岁时，因身心交瘁，元好问卒于河北获鹿寓舍，“溘死道边”竟不幸言中。

命运这一条长路，他终于走完了。

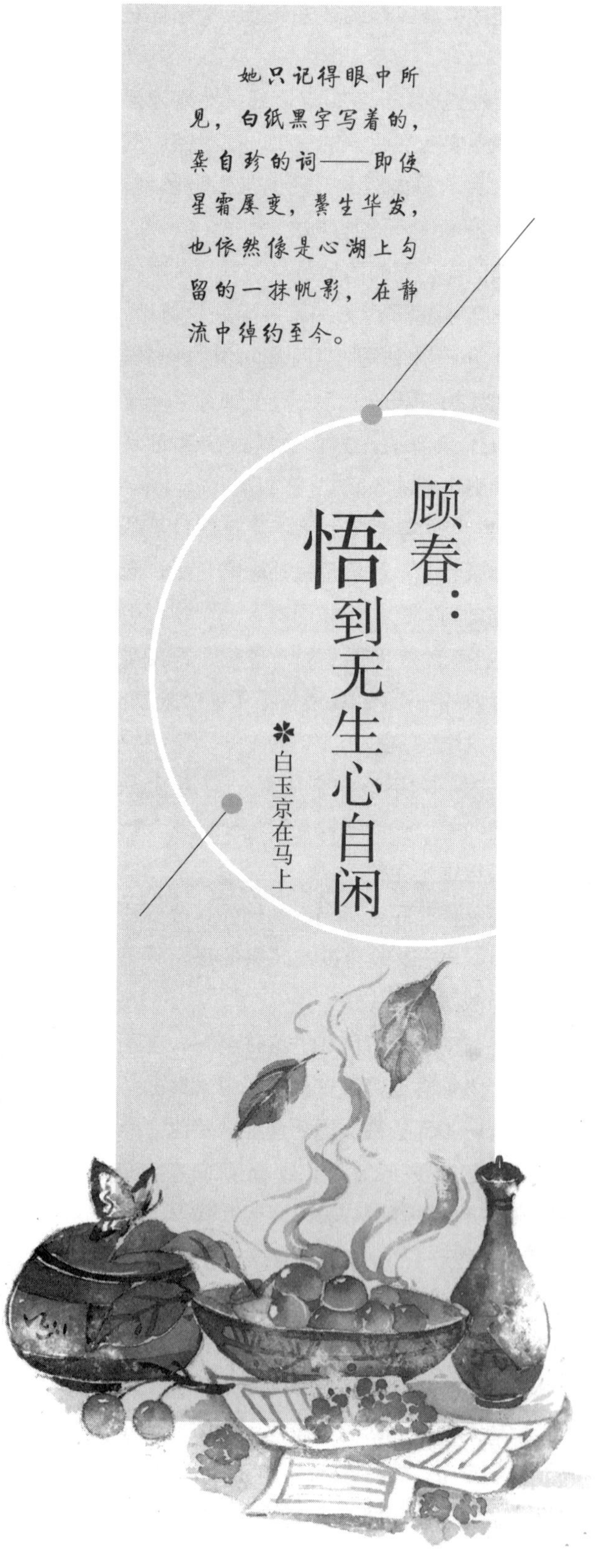

顾春：悟到无生心自闲

白玉京在马上

她只记得眼中所见，白纸黑字写着的，龚自珍的词——即使星霜屡变，鬓生华发，也依然像是心湖上勾留的一抹帆影，在静流中绰约至今。

说起顾春，大多数人都要愣上一愣。不晓得为什么，当时在文坛鼎鼎大名的“大清第一女词人”，在现今的出镜率少得可怜。

《八旗论词》里说：“男中成容若，女中太清春。”成容若是纳兰性德，太清春就是顾春。可见顾春已与纳兰性德齐名。可偏偏人们知道李清照，知道蔡文姬，却少有人知道顾春。即便知道她的人，大抵也只是知道她的一桩绯闻。

所谓的绯闻搁在现代，似乎无所谓，但在过去，却足以让封建礼教下的名门遗孀万劫不复。

顾春就不幸成了绯闻女主角，而她的绯闻对象，正是赫赫有名的龚自珍。

顾春出身名门，自幼学诗书，可谓年少怀才。她是当时名流圈子里的才女，嫁得也好，丈夫是爱好风雅的皇族贝勒——奕绘。虽然她只是个侧福晋，但两人琴瑟和鸣，很是恩爱。没多久，奕绘的正妻去世，顾春独宠一时，风头无两。

奕绘死了之后，顾春素服戴孝，留在王府里抚养儿女，效仿起兰亭雅士。时人往来，都是京中才俊。这些人里，就有一个大文豪，叫龚自珍。

顾春记得那是秋天，往来的少艾才子踏破了门槛，只为得她半句点赏，一分青眼。人流熙攘里，他便来了。

彼时龚自珍正奉职朝中，身着便服，朝她行礼。她瞧见他偷偷抬眼，那璀璨星眸透着狡黠，不由一笑：“我劝天公重抖擞，不拘一格降人才。久仰了。”

他讶然看着她，这次是正大光明，好像没料到她竟读过他的诗。

那日后，府中每有才子雅集，必然少不了龚自珍。

大概这世上当真是有“倾盖如故”这回事。从前她只听闻他的名，隔着杳渺风烟去读纸上的他。如今她却能够见他的面，在觥筹交错后，细细品味他今日递来的诗文。

这样的诗书往来，因着二人如此坦坦荡荡，光明正大，倒传为一时佳话。

可是偌大一个京城，到底繁华入骨，媚俗生根。顾春很快就听到了一些闲言碎语，她与龚自珍的来往，被颠倒面目，捏造行迹，散入万户人耳中。起先，她或许能一笑置之，但渐渐地，即使身居宅院之中，也仍旧被刺得心神皆悸。

直到龚自珍的一首诗被有心人传遍京城，顾春才意识到，她与他，再也不能如从前般往来。

“空山徙倚倦游身，梦见城西阆苑春。一骑传笺朱邸晚，临风递与缟衣人。”诗后还有一句小注：“忆宣武门内太平湖之丁香花。”

顾春孀居之处，贝勒府附近的一大片丁香园，很快就成为世人诟病的凭据。所有人都认为，诗中的缟衣人就是白衣顾春无疑。可是当事人什么都不能说，在世人眼中，她与他的缄默已是认罪，而这罪已经确凿。

顾春习惯了在横眉冷对中保持沉默，难堪的流言很快使贝勒府门可罗雀。她想，会过去的，这些茶余饭后的消遣，总会过去。可是，她发现她错了。

龚自珍的又一首词，再次将她推向风口浪尖。

那夜顾春跪在堂前被宗室之人厉声叱骂，僵冷的膝盖，冰凉的眼眶，随着时间推移都渐渐麻木。她只记得眼中所见，白纸黑字写着的龚自珍的词。

不久后，龚自珍离开了京城。

他的离开并未让事情终结，反而被视作“出逃”，坐实了与顾春的这段不容于世的私情。

积毁销骨，众口铄金。于是顾春就这样被赶出王府，连累一双儿女，和她一起忍辱耐贫。一代女词人，居然被绯闻抛到了贫苦颠簸之中受尽困苦。

那个曾经生长于海淀青山秀水中，写下“月在梨花”句子的女孩，那个豆蔻年华才名艳绝京华，一心痴恋着丈夫的女孩，成了后来素服在身的女人。每及回眸过去，亦不免怅惘。

或许是为了几回魂梦后，辗转于记忆最初的奕绘，抑或为了那个连再看她一眼都不敢，就匆匆离开京华，留她独自承受蹇途漫漫的大才子龚自珍。

漫天的流言，是否也曾在某一刻，说中此生不能表白的心期。

但这些，已经没有人知道了。

顾春后来所做的，不过如平凡民妇，煮饭，打水，浣衣。唯一不同的是，在辛劳过后，她泚笔成文，乌丝小楷写满案头一张白宣，日复一日被消磨的诗情，到最后，化为红尘荡涤下的一声喟叹。

一番磨炼一重关，悟到无生心自闲。探得真源何所论，繁枝乱叶尽须删。

京城已经是冬天了，顾春落下笔，朝冻得通红的手指呵了口气。此生沉浮，亦曾被珍至手心，历数了前尘漠漠，屡变星霜，徘徊在她眼底的，却是那年夏夜的丁香花，一大片错错落落的紫，香气简直要把她溺毙。

而那人的眸光，如一轮明月，斜斜地映照到心尖上。

这么多年，依旧，未谙离愁。

苏蕙：织尽相思无限泪

她是书香闺秀，她有咏絮之才、烟霞之笔，此刻，这些曾引以为傲的才情却不堪一击……

慕兮

沉木织机上铺展开来，是一幅莹心耀目的五彩锦缎，只见那织锦纵横八寸，五色相宣，煞是好看。绝妙之处，是织锦之上绣着的八百四十一字，纵横反复，皆为文章，时人谓之《璇玑图》。

那在锦缎上绣满了簪花小字的人，名蕙，字若兰，是陈留县令苏道质的三姑娘。彼时年轻温婉的少妇，借着昏暗的烛火，一针一线，指尖翻飞，面前的素锦上，便着满无尽的相思，他的家书和月传来时，只听得心里一根弦轻颤，银针便刺破了指尖。“啪嗒——”殷红的血落上素锦，灼灼如染血的桃花。

她怔怔看着织锦，这多情的桃花，和他们初见那日一样的桃花，看着看着，便恍觉眼眶湿润，无数个孤枕难眠的夜里，无数次入梦过的相遇，又重上心头。

咸阳的苏坊镇里，无人不晓得一位苏姑娘，她三岁学字，五岁学诗，七岁学画，九岁学绣，十二岁便可织出精美的锦缎，是个心灵手巧的书香闺秀。及笄之后，苏蕙出落得越发可人，上门提亲的人便络绎不绝，但所言皆属庸碌之辈，都被她婉言谢绝。

直到十六岁那一年，苏蕙拂去古刹那一树桃花，花枝交映的疏影里，窥到那人掌心的弓弦，桃花是她红尘里的劫，窦滔也是。

那一日她本是随父亲游览周原名刹阿育王寺，却在名寺西池畔邂逅了仰身搭弓射箭的英俊少年。弦响箭出，飞鸟应声落地；俯身射水，水面漂出带矢游鱼，真是箭不虚发。再看池岸，有一出鞘宝剑，寒光闪亮，正压着几卷经书。允文允武的少年，便这样轻而易举地扰乱了她的心绪。

两情相悦是世间最为难得，也最为圆满的情事，她如愿嫁给了那名唤窦滔的少年，结发为夫妻，恩爱两不疑，她笃信他们的将来，应是美好而顺遂。

西晋末年，朝廷昏庸，天下大乱，叛军迭起，乱世里的将来，从来都是天违人愿。前秦建都长安，苻坚称帝。窦滔以文韬武略入仕前秦，虽是政绩显著，加之屡建战功，却遭了小人的谗言离间，被判罪徙放流沙。

那一日，他们在阿育王寺挥泪告别，他们初见的名刹，又一次见证了他们的海誓山盟。苏蕙在佛前立誓，此心皈依一人，此生待君归来。从此，花前月下，椒房灯前，只剩下了那个寂寞的身影。

直到那一日，她又一次听到他的音信，却是说他在流沙结识了歌姬赵阳台，甚至已纳她为妾。手中的绣花针不慎戳破了指尖，仿佛冰锥刺入心扉，幻灭了她这些年的守望，一下子击垮了她。她是书香闺秀，她有咏絮之才、烟霞之笔，此刻，这些曾引以为傲的才情却不堪一击，她输给了他疲累时那一支曼妙的舞，输给了他倦怠时那一曲靡靡的歌。这时的苏若兰，才体会到了真正的孤独，才终是明白，那名刹下的誓言都不在了，桃花树下只余她孑然一人苦守着归来的诺言。

她又对着曾经的沉木织机，缓缓展开那八寸见方的锦缎，灵巧的手指穿针引线，那五彩丝线便上下翻飞，煞是好看。他一去七八年不归，这些年漫长的守望和思念，得知故人变心后的委屈和苦涩，绝望之后的痛苦和哀伤……全书写成了簪花小字，被她一针一线绣满了锦缎，随着银针最后一个圆满的回钩，一滴泪悄然落下。

回文锦已成，故人胡不归。

书尽了相思的几百篇诗章，被绝妙地编排，句句回文，纵横反复，皆为文章。纵横各二十九字，凡八百四十一字，纵、横、斜、交互、正、反读或退一字、迭一字读均可成诗，诗有三、四、五、六、七言不等，甚是绝妙。

锦缎方绣成，便在街巷里广为流传，世人惊艳于苏蕙玲珑的心思和绝妙的才情，称之《璇玑图》，却没有人看得懂那锦绣中的思念和哀伤。

图中玄机实在太过巧妙，一时竟无人能够读通全篇诗章，苏蕙闻言笑曰："诗句章节徘徊宛转，也依旧是一首诗赋。除了我的家人，谁也不会明白个中三昧。"

笑语之后，是不着痕迹的一声轻叹。

那时她并没有想到，《璇玑图》竟被送至千里之外的窦滔手中。手握妻子的诗文，熟悉的簪花小字让他不禁心上酸楚，他回想起初见之时的美好，回想起辞别前他们许下的诺言。

"寒岁识凋松，真物知终始。颜衰改华容，仁贤别行士……"反复读罢，一时百感交集。

那之后，窦滔将赵阳台送回关中，派出精心修饰的礼车将苏蕙接到身边，从此两人恩爱如初。

可《璇玑图》的传奇并没有就这样结束。诗谜解开后，人人称奇，争相购买。而窦滔被解职后，秦州政务混乱，百姓纷纷为窦滔叫屈，怀疑所谓谋反乃子虚乌有，后来锦帕竟传至长安，苻坚派人调查，真相大白，即刻赦免了窦滔，并官复原职。

世事变迁，王朝更迭，苏蕙用心血织就的《璇玑图》在尘世里辗转，直至它失散人间，后世对这段传奇的感慨还在续写。

世人或不平于窦滔的变心，或感叹他们的恩爱，更多的，是艳羡她的才情。

可他们都忘却了，这千古绝妙的《璇玑图》的初心，不过是苏蕙写给丈夫的家书，字里行间，都只是一个女子难以泯灭的痴情和相思。

孟郊：看透世情冷暖，余生几欢哀

✽别贺

他的诗苦到像是把自己的一生掰开揉碎了给人看，未经世事的人是看不懂的，必得有相似经历的人，才能从他的诗里找到共鸣。

盛唐好像把整个唐王朝的气数，在几十年的时间里全部大张旗鼓地挥霍掉，创造了繁华的坊市，华清宫躺着千古尤物，朝堂上站着不同肤色的官员使者，还有神来之笔的谪仙太白。

他像一支饱蘸整个盛唐气象的笔，肆意挥洒才气。有时甚至怀疑，是不是整个唐朝的倜傥潇洒全给了他。所以自他之后的诗人，过得都不太如意。

就像孟郊，如果你只知道他最有名的两首诗《游子吟》和《登科后》，那么脑海里肯定就已经有了这个画面：

才高八斗的少年，志得意满又依依不舍地拜别母亲进京赶考，临行前，母亲为他体贴地缝好衣服，少年也不负众望地一举登科，骑着高头大马招摇过市，等待他的是功名利禄，大好前程。

《登科后》写于唐贞元十二年（796）。

这一年，马嵬驿的芙蓉已经开谢了四十个轮回。

这一年，盛唐时出生的人还在，他们不停地奔赴死亡。

这一年，很多老人已经不记得万国来朝的荣华，他们只记得铁蹄倾轧过的尘埃飞扬到脸上的混浊与绝望。

这一年，孟郊四十五岁，刚刚经历了人生第三次科举。

盛世的余晖笼罩着这个幸运而又不幸的国家，大唐最好的时代已经被安史之乱的铁蹄踏进故纸堆里。史家不幸诗家幸，诗人们如雨后春笋一般从各地奔赴长安，可惜已经不再是“小邑犹藏万家室”的时候。

和狂放的前辈们不同，他们虽有才气，但也只能委身于世家大族，祈求换来一条无上通天路。

对了，那时候的科举不匿名判卷，能否考上，大部分仰仗考生的家族和交际。这也是为什么全唐诗中记载“五十少进士”。

不在官场边缘浸淫多年的无名小辈，哪怕身怀李太白之才，也很难空手熬出头。所以这个时期的诗人们的代表作多写愁思和哀哭。

民生多艰，仕途亦难。叫人如何不愁？如何不苦？艺术来源于生活，人不能凭空写出自己没见过的事物，所以确实没有什么快乐和繁华值得人付诸笔端。

后世清高文人不屑于他的“春风得意马蹄疾”，说他“一日之间，花皆看尽，进取得失，盖亦常事，而东野器宇不宏，至于如此，何其鄙邪”。

其实，在孟郊存世的五百余首诗中，只这一首《登科后》明确地写出“我很快乐”：“春风得意马蹄疾，一日看尽长安花。”其他大多数诗文，写的都是无尽的苦愁：“五情今已伤，安得自能老。”“晓月难为光，愁人难为肠。”……

世道艰难，孟郊更难。

连韩愈也对他发出了无情嘲笑：“一门百夫守，无籍不可寻。……举头看白日，泣涕下沾襟。”可以说通篇只有一个主题——又穷又犟的土包子。

结束短短一天的快乐后，他又背上了行囊，从京城一路南下回家看母亲。

他对母亲的爱，从《游子吟》中可见一斑。

孟郊年幼丧父，兄弟三个都由母亲一人养大。一个寡妇养活三个儿子，付出的艰辛非外人可知。

史书中没有记载他的两个兄弟，不过可以想见在当时那个年岁，能供养一个读书人已是不易，他的两个兄弟，只怕是早早学门手艺养家糊口罢了。

身为长子的孟郊，承载了这个家庭多少希望。所以他考中后写出那样的文字有什么值得贬低的呢？后世的文学评论家未免苛责太过。

四年后，孟郊奉母命到洛阳应选，选为溧阳县尉。县衙的职务由高到低为县令、县丞、主簿、县尉，县尉是分管具体庶务的，说白了就是钱少事多被上级甩锅的职位。

这一年（801），孟郊五十岁。他的好友白居易去年中第，即任秘书省校书郎；写诗笑话过他的损友韩愈，任国子监四门博士；曾一起畅游山水的驴友李翱，任国子博士、史馆修撰……只有少年相交的挚友韦应物官不及他，因为韦应物已经去世。

可能有的人的确不适合做官，韩愈明白这个老朋友的难处，在《送孟东野序》中委婉地提了一句“东野之役于江南也，有若不释然者”。

的确很不释然，所以孟郊只做了三年就辞官了。等到两年后他再次发迹，已是强弩之末。

韩愈虽然写诗笑话他，但心底还是对这个老朋友充满了同情，于是和李翱一起卖了个人情，帮他找个差事做。五十五岁的孟郊经推荐，出任水陆运从事，试协律郎，钱多事少还自由。

如果真的能安享晚年，他就不算惨。

一年后，他的三个儿子相继去世。

还有什么比晚年绝后更令人悲痛的呢？

答：丧子加丧母。

在他年逾花甲的前一年，母亲去世。

短短三年，连丧四位亲人，孟郊的一生也快要走到尽头了。他在出任兴元军参谋的路上，客死异乡，死后由他的上级出钱下葬，韩愈撰写墓志铭。

如果在死后还能得到好名声，那他还不算太惨。

从晚唐开始，他就一再受到文人恶评。宋人严羽评价他的诗“憔悴枯槁”也还罢了，著名文学家欧阳修一句“元轻白俗，郊寒岛瘦”，八个字，损了四个人。

寒者，凄也。

欧阳修是懂他的，越懂他，越不爱他的诗。

他的诗苦到像是把自己的一生掰开揉碎了给人看，未经世事的人是看不懂的，必得有相似经历的人，才能从他的诗里找到共鸣。

可他的人生，还是不要经历的好。

柳永：生命不过一场灿烂烟花

✲大老振

花自盛开水自流，一晌贪欢，醒来怅然，红尘滚滚，柳七公子终究还是没有看透。浅斟低唱，不过是一场灿烂烟花，转瞬即逝。

千年以前，福建武夷山鹅子峰下，一位白衣少年仰望头顶苍穹，灿烂银河、满天星光，把温柔清辉洒向他清秀而忧愁的脸庞。

他一直在思考一个问题：我来到这人世间到底是为了什么？

他总觉得自己的前世是一条鱼。

他经常做梦，梦到自己在深海里游弋，他的身边有好多水草在海底最深处随着水波荡漾。

水草说："我们一定要到岸上去，做一朵花。"

他说："我一定要化作天上最亮的一颗星，照亮你们的笑脸。"

而现在，他化身为翩翩公子，而那些水草，他知道，一定散落在人间的各个角落，来实现它们做一朵花的愿望。

一

时光追溯到约公元984年，少年出生了，他的父亲为他取名柳三变。这个名字出自《论语》中子夏的一句话："君子有三变：望之俨然，即之也温，听其言也厉。"

一看就知道这是他的家人希望他能够做修身齐家治国平天下的君子。不过他的愿望不是做君子，他只想像一条鱼一样自由自在地生活。

他的祖父和父亲都做过官，也算是官宦世家了，少年在整个家族所有堂兄弟中排第七，也叫柳七。

武夷山把灵秀之气都赋予了这个少年，他不仅长相俊美，更善于填词。

据说他小的时候在家乡武夷山看到过一首《眉峰碧》的词，如痴如醉，从此再也无法忘却，连连写下歌颂武夷山美景的词作，被称作"鹅子峰下一支笔"。

他的家人为他骄傲，这个孩子将来一定可以光耀门楣，于是要他进京赶考。

“可是我为什么要进京赶考呢？”他仍然想不明白，他来到这人世间到底是为了什么。他爬上中峰，那里有一座中峰寺，问寺里的禅师：“大师，我来到这人世间到底是为了什么？”

禅师拈花微笑，只说了三句话便闭目不语，他迷惑地离开了。

天边晚霞映照着满山落叶，他想起了禅师说的第一句话：落叶满空山，何处寻行迹。

这满山的落叶，你想要哪一片呢？你想要的究竟是什么？有多少人在这人海中穿梭，茫茫然不知所措。

禅师的这句话让他更加迷茫，他其实并不知道他要什么，既然家里人要他去赶考，那他就去吧。

十九岁的柳七公子从老家武夷山出发，由钱塘入杭州，再经苏州到扬州，最后来到帝都汴京，他居然用了六年的时间。

不是路途太遥远，而是他对俗世美景看花了眼。

这个初次走出大山的少年，每走到一处地方，都要迷恋那里的湖山美好、都市繁华，就要在那里滞留一段时间。他要寻找，他究竟要的是什么，是什么最能打动他的心。

首先打动他的，是杭州的美景。

这世间居然还有这么美的景色和这么富庶的城市！他年轻的心激烈地跳动着，迫不及待地要用文字为这座城市、为这块城中宝玉——西湖，勾画出他内心的画面：

东南形胜，三吴都会，钱塘自古繁华。烟柳画桥，风帘翠幕，参差十万人家。云树绕堤沙，怒涛卷霜雪，天堑无涯。市列珠玑，户盈罗绮，竞豪奢。

重湖叠巘清嘉，有三秋桂子，十里荷花。羌管弄晴，菱歌泛夜，嬉嬉钓叟莲娃。千骑拥高牙，乘醉听箫鼓，吟赏烟霞。异日图将好景，归去凤池夸。

——《望海潮》

年轻的柳七公子，用他蓬勃的脉动为人世间留下了这热情澎湃的文字。

如烟的柳树、彩绘的桥梁、高高低低的亭台楼阁、隐隐约约的十万人家，澎湃的潮水卷起霜雪一样白的浪花，宽广的江面一望无涯。

美丽的西湖和重重叠叠的山岭交相辉映，在这里，秋天时桂花满城飘香，而夏天的湖面，极目所望尽是少女般的荷花在风中摇曳。

这首《望海潮》一出，杭州承平气象，形容曲尽。

柳七公子，一词名满天下。

此刻的柳七公子，踌躇满志，他似乎知道了他想要的答案。从小他的父兄就告诉他：读好圣贤书，货与帝王家。

是的，他要做天上最亮的那颗星，虽然他并不知道那些散落在人间的花儿到底身在何方，但是只要他能在这最繁华的王朝考取功名，他就一定可以在整个大宋发光。

然而二十五岁的柳七公子还不知道，等待他的命运竟是落魄一生。

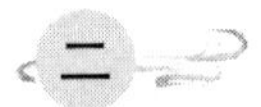

二

北宋王朝，繁华极盛，日日欢歌，纸醉金迷。歌舞楼馆，莺莺燕燕，梦幻般的哀婉弦歌，还有那轻俏婉转的莺声燕语。

他忽然听到有人在唱他的曲子。脚步不由自主地迈了过去，这一步，他一脚踏进一个风情万种的世界，他看见了那些变成花朵的姐妹，那些在大海深处摇曳的身影。

是的，她们终究来到了人世间，只为了做一朵花的心愿。

她们不是大家闺秀，可以端庄娴雅地接受来自四面八方的赞美；她们也不是小家碧玉，可以在父母的呵护中寻求一世安稳。

她们只是这花花世界中的一朵朵不知名的小野花，在众人不屑的目光中，在众多肮脏的踩踏里，努力挺直脊背，迎风开放。

而如今，他来了。她们的泪，他懂。

懂她们，就拿起笔为她们写下赞美的文字吧。他爱她们每一个人，他为每一个他爱过的人写下赞美的歌词。她们惊喜地拿出去唱，唱给每一个人听。

看，这是才子为我写的：

他夸我的歌唱得好！——何当夜召入连昌，飞上九天歌一曲。

他夸我舞跳得棒！——英英妙舞腰肢软。章台柳、昭阳燕。

他夸我会写诗！——有美瑶卿能染翰。千里寄、小诗长简。

他夸我声音好听！——言语似娇莺，一声声堪听。

……

一时间，汴京的烟花巷陌，到处都在传唱柳七公子的词。

有人说：真名士自风流。可是，风流可以，怎么可以说出来呢？

在那些家里养了歌伎、妻妾成群的男人眼里，女人不过是衣服，这些男人终于送了柳七公子两个字——浮靡。

春闱在即，志在必得的柳七公子，自信一定可以"魁甲登高第"的柳七公子，却在科举考试中惨败。虽然皇宫里也在唱着柳词，可是皇帝不能给这样一个浮靡的人功名。

柳七公子内心极其失落：我不过是怜惜她们而已，我不过是说了我心里想说的话而已，我有错吗？好吧，既然不能遂你们的意，我又何必去讨好不喜欢我的人？

于是，他拿起笔墨，挥毫写下：

黄金榜上，偶失龙头望。明代暂遗贤，如何向？未遂风云便，争不恣狂荡？何须论得丧。才子词人，自是白衣卿相。

烟花巷陌，依约丹青屏障。幸有意中人，堪寻访。且恁偎红倚翠，风流事，平生畅。青春都一饷。忍把浮名，换了浅斟低唱！

——《鹤冲天》

写罢，他唇角微扬，嘴角挂着一丝淡淡的笑，他白衣飘飘，挥一挥衣袖，吟诵道："空山无人，水流花开。"

空山无人，水流花开？这不是禅师告诉他的第二句话吗？

是啊，空山有人无人，与我何干？我自开我的花，我自流我的水，我自填我的词，我自参加我的科举，我自偎红倚翠，我自风流狂荡，我做我人生的主角，有何不可！

柳七公子，你真的顿悟了吗？你真的想明白要把这短暂的青春，从此用来浅斟低唱吗？你那要做一颗星的愿望，从此真的就放下了吗？你自称是才子词人的背后，有着怎样的无奈？

不然，你为何会接连四次参加科举，接连四次都落榜呢？

当仁宗皇帝看到他的名字，想起了这首词，愤然地用重重的笔墨在榜单上划去了他的名字，说道："且去浅斟低唱，何要浮名！"

他彻底绝望，拿来一块匾额，在上面写下龙飞凤舞的七个大字——奉旨填词柳三变。

我不求人富贵，人需求我文章！从此后，我还是一条自由自在的鱼，何其快活！

那时的他也许没有想到：水流花开无人赏，浅斟低唱万古扬。

此时的柳七公子，画檐深处，醉卧花丛，全身心地投入到词的创作中去，开始大量填写慢词。

所谓慢词，就是在原来小令的基础上，曲调变长，字句增加，这个看起来不起眼的变化，是宋词朝前发展的一大步！

词的节奏放慢了，音乐变化多了，演奏起来更加悠扬动听，而复杂变化、曲折委婉的情感也更适合用慢词来表现。柳七公子在宋词上的革新，后来的苏东坡、辛弃疾、李清照，哪一个没有受到柳七公子的影响？

宋词八百八十多个词调，有一百多个是柳七公子首创的！

那时的柳七公子，俨然就是宋词的掌门人。教坊乐工，只要有新腔，一定会求他填词，才敢拿出来传唱。

然而花自盛开水自流，一晌贪欢，醒来怅然，红尘滚滚，柳七公子终究还是没有看透。浅斟低唱，不过是一场灿烂烟花，转瞬即逝，而柳七公子要的，仍旧是那难以堪破的“浮名”，他要做亘古不变的星辰。

柳七公子，背上行囊，他要“独自个、千山万水，指天涯去”，来一场寂寞的逍遥游。

当柳七公子的红颜知己虫娘追随到江边，面对着秋日的凄风冷雨，想到多少年华如梦，曾经万紫千红随风吹过，怎留踪影？他不禁拉住虫娘的手，滴滴眼泪从腮边滑过，却一句话也说不出来。

此情此景，月为灯光水为舞台，十里长亭杨柳岸、千里烟波远行舟为背景，而满脸凄楚泪眼蒙眬的柳七公子和亭亭玉立的虫娘，他们把分离的场景，演绎成了千年的经典。

寒蝉凄切，对长亭晚，骤雨初歇。都门帐饮无绪，留恋处，兰舟催发。执手相看泪眼，竟无语凝噎。念去去，千里烟波，暮霭沉沉楚天阔。

多情自古伤离别，更那堪，冷落清秋节！今宵酒醒何处？杨柳岸，晓风残月。此去经年，应是良辰好景虚设。便纵有，千种风情，更与何人说？

——《雨霖铃》

是啊，多情自古伤离别！至此，“雨霖铃”始为词牌。

千年过去，宋朝的风沙还在刮，而千年以来，有多少人一个一个溺死在他的情海里，不能拯救。

凡有井水处，皆能歌柳词。

当五十岁的柳七公子终于换来了“浮名”的时候，不知道他有没有想明白，他来到这人世间，到底是为了什么。

那远离繁华帝都的浙江宁海晓峰盐场里，昔日翩翩少年，如今干瘦老儿，谁还能看出他就是当年那个才华横溢的柳七公子？

唯有从他为盐工艰辛流出来的浊泪中，我们才可以看到，他的多愁善感，一丝未减。

由于他在老百姓中的口碑甚好，被后来的很多县志列为名宦。

只是他沉默寡言，哪里还有当日“才子词人，自是白衣卿相”的狂傲！他勤勤恳恳、恪尽职守，只是希望能得到一次升迁的机会，而最终，他也只是做到了“屯田员外郎”而已。

当他久困选调，终于游宦成羁旅的时候，他想到了那些昔日的红颜知己，不知她们现在是否还好，她们是否也会想到他，愁倚阑干，登高望远，望故乡渺邈，归思难收。

四

人生后半场，柳七公子想到了自己曾经写下“我不求人富贵，人需求我文章”的誓言，想到了“我要做我人生的主角”的豪气冲天，却发现自己都没有做到。

他默默地把“柳三变”改为了“柳永”，把字“景庄”改为了字“耆卿”。

如果可以，请让我多活几年，我一定会做到“万古长空，一朝风月”！

他流泪看向茫茫天幕，后悔自己此刻才参透禅师送给他的第三句话：万古长空，一朝风月。

人生何其短暂，只有超越时空，把握住当下，才能和天地同在。他终究没有多活几年，约1053年，柳永去世了。

我们不知道他具体出生于哪一年，也不知道他具体死于哪一年，甚至连他的墓葬在哪里，到现在人们还在争论不休。

只是知道他死的时候孤苦无依、穷困潦倒，是歌伎们凑钱安葬了他。也许他自己都不知道，他虽没有得到帝王的垂青，却得到了这些人间卑微女子的真爱，他是人间的“无冕之王”。

让我们来听听歌伎们是怎么唱的吧：

不愿穿绫罗，愿依柳七哥；

不愿君王召，愿得柳七叫；

不愿黄金屋，愿得柳七心；

不愿神仙见，愿识柳七面。

还有什么比得到人的真心更难的事情吗？柳七公子做到了。

他死了以后，每年的清明时节，阳春三月，歌伎们纷纷来为他扫墓、烧纸钱。她们为他流泪，恨不早与他相逢，相逢在有他置身的风景中。

柳七公子，他值得她们为他流下的每一滴眼泪。看完这个伤心欲绝的男子用生命在为她们歌唱的身影，你一切都会明白。

生命不过一场灿烂烟花，有人看到了，有人欣赏了，有人记住了，谁说它不能天长地久？

千年以前，月白风清下，一位白衣公子迎风而立，翩若惊鸿，酡颜绽放，醉向烟波浩渺的大海。晚风吹拂着他内心的思绪，那思绪如同大海的波浪。

他望向深蓝色的一弯穹隆，灿烂烟花在头顶绽放。他听到水草说：“看到了看到了，真美呀！”

鱼说：“你们喜欢吗？”

水草说：“这么美，怎么不喜欢？要是让我们到岸上去做一朵花，这烟花就算只看一次，也不枉了这一生！”

他微笑负手而立，风华绝代。

几十年后，被称为千古第一才女的李清照，手捧这位白衣卿相的《乐章集》泪水涟涟：“始有柳屯田永者，变旧声作新声，出《乐章集》，大得声称于世。”

她接过柳七公子的衣钵，潜心钻研，终使“词”这一不受文人正眼相看的“诗余”在宋朝站稳了脚跟，并和“苏辛”并肩站立，使“婉约词”和“豪放词”一起在大宋的天空绽放出最绚丽的烟火。

柳永，终成一代词宗。

烟雨行舟

还忆经年唐宋事，
回首落梅花

1856年，于无声处听惊雷

✿吉祥止止

张远山上课时，他给学生提问，请举出一次人生伤心的经验。半天无人应答，后来一个女生站起来，慢慢地说：“读中国近代史的时候。”

一

1855年，一个寂寂无闻的小知县悄悄地来到广西西林赴任。

对于此刻如细雨润物无声的安静的小镇，这个从云南一个叫作云县的小城走出来新官上任的小知县，都没有意识到，一声平地惊雷将从无声的此地炸响。

这个小知县就是被赫然列在第二次鸦片战争后中法签订的《天津条约》《约章程补遗》第一款里的那个张明凤知县——

一八五八年六月二十七日，

咸丰八年五月十七日，天津。

第一款 西林县知县张明凤敢将本国传教人马神父恣意杀死，本系有罪之人，应将该知县革职，并言明嗣后永不得莅任……

他来到这个广西西林时，大清的江山遭遇了百年难遇的黄河大改道，在1946年以前的几千年中，黄河小改道不断，而大改道亦是有26次，而这一次这一片江河再次易大道而行，也将意味着一片桑田变沧海，江河改道，山川亦要变了颜色。

但是，就在江山变色的此刻，这个从我的家乡云县走出来的小知县尚不知道，他所伫立的这个与家乡一般静寂的小县脚下，却是一个将要被引爆的炸药库，而他就是那个点燃引线的人。

二

来到这个小城的第二年，张明凤收到当地忍无可忍的民众对法国天主教神甫马赖的控告，为平息民愤，他将在这里为非作歹的马赖及不法教徒共26人逮捕归案，张明凤秉承为民做主的宗旨将其处死。

他做出这个决定的时候，并不知道后来的风云变幻。他只想尽忠职守地做好这个小城父母官，为着这里相信他而向他求助的百姓们。

他为了他的君主的天下取得民心，所以他听到且积极地去解决这小城之民对侵入这里却为客不尊反成一害的异邦之人的控诉。此时，他就是这个小城的顶天立地之人，他需要为这个小城的人民撑起一片天。

中国几千年来更喜欢收剑割草而折草成玉节的善良的老百姓，如若不被逼到绝处，断然不肯拔剑指天，而此时这个小城的民众尚相信着这片天下依然会为他们做主，所以他们来到这个衙门前哀哀控诉。

而此刻的张明凤亦是相信且履行着他从几千年中国的文明里所接受到的为民之官的道德教育，所以，张明凤为民做主，处死了马赖。这就是历史上有名的“西林教案”。

可是这次事件却给了一直伺机在侧一直在等一个借口的法国皇帝拿破仑三世借机挑衅的机会，他们在第一次鸦片战争后，发现自己要求得太少，他们早就想再找一个借口去要求更多，于是，拿破仑三世抓住这个事件，联合英国再次挑起了侵华战争。第二次鸦片战争爆发。

而后，大清朝廷跟第一次鸦片战争一样惨败了，英法联军再次得到他们想要的一切。

三

也许后来大清朝廷为求苟安，积极配合对自己内政颐指气使的侵略者，迫不及待地把张明凤发配充军，之后，张明凤销声匿迹，湮没于历史的长河里。

张明凤去了哪里？结局如何？没有人愿意像关心充军后的林则徐一路而去的行迹并铭记下他的壮语“苟利国家生死以，岂因祸福避趋之”一样，去关心他最后死于何方。

同样两个点燃导火线的中国官员，一个生得有让众人追随其志的伟大，一个却死得无人问津。

但是，不管当时的历史如何怪罪于他，张明凤格杀马赖的时候，他是这个小城之民的父母官，他坚持了这个文明几千年来要求士人所坚持的道德原则——天下有道，以道殉身；天下无道，以身殉道。他以为这个天下尚有道，所以他以道殉身而行，可是此刻的大清却已天下无道，而需要他以身殉道。

孟子两千多年前骄傲的一语——当今之世，舍我其谁也？那是他要让天下见其所预设的人世的天堂，而两千多年后张明凤被英法联军挑出来做这个“当今之世，舍他其谁”的借口的时候，却已然是谁入地狱不如我入地狱的悲怆，他引致的战争结果让中国的民众在自己几千年的文明滑入万劫不复的深渊之前惊醒。

康熙帝不修筑御敌的长城，却修建了一座放天下于四野的无形的长城——避暑山庄。余秋雨曾轻轻地叹息过一声，一个风云数百年的朝代，总是以一群强者英武的雄姿开头，而打下最后一个句点的，却常常是一些文质彬彬的凄怨灵魂。

而张明凤就是这黯然离去的凄怨灵魂中的一个。

也许，那个时候，有人在怪他，连皇帝也在怪他，连后世的某些学者也在怪他，怪他为何给了侵略者借口。但是即使没有云县的这个张鸣凤，还会再出现下一个张鸣凤，那时候，侵略者不过在等一个借口而已，即使没有张鸣凤给他制造借口，他们也必然会为自己制造出借口。

从当时到现在，两百年悠悠光阴里，世界翻转千遍，这样的借口亦都从来没有缺少过。

但是，当时被各国列强的大炮军舰逼到悬崖之边的中国，千千万万人之中，总有不愿跪倒乞怜的志士，他们当破釜沉舟，临渊一跳，以一身祭旗，即使这场战争无以避免，那就尊严地搏击一把，即使失败，也当慨然赴义以彰显大道之举。

所以，余秋雨的那句话也可以反过来说——即使最后会在凄怨中打下句点，但总会有一群英武的强者，去开创一个强大的时代。

四

在中国的近代史以前，中国的文明如孟子所言："天下有道，小德役大德，小贤役大贤。"而在中国仓皇跌入惊涛骇浪里的近代史的时候，则是这句孟子言语的下句——天下无道，小役大，弱役强。

中国从此开始了几千年文明以来最低谷惨痛的时期。

《非常道》里有记张远山上课时，他给学生提问，请举出一次人生伤心的经验。半天无人应答，后来一个女生站起来，慢慢地说："读中国近代史的时候。"

这个连中国的孩子都不堪回首而惨得不能再惨的低谷时期，却也意味着这个民族这之后每一步路虽然走得艰难，却都是步步皆上地往前行进。

鸦片战争的失败不在于缺少坚船利炮，而在于此时这个在自满中沉睡得太久的文明，已经彻底失去了可以凝聚起来的共同意识以及人心，失去了人心，文明将无处安居。

但是一个朝代失去人心，并不意味着一个文明的人心泯灭，反而是一个自省自强的民族的人心重新凝聚起来的时机，他们将以星星之火燎尽枯败的大地，重新换回下一季的柳暗花明。

所以，第一次鸦片战争虽让中国的民众受到了刺激却依然有些初醒前的昏蒙，也才会让侵略者有机会发动第二次鸦片战争，而此后中国人就彻底清醒起来。

五

这位发动战争的拿破仑三世早忘了他父亲拿破仑的话："中国，那是一个正在酣睡的巨人，别惊醒他！因为他一醒来就会震惊世界。"

这个法国皇帝一次又一次地去挑战这个沉睡中的国度的子民底线，而当这些子民无法忍受这个铁屋子的禁锢与压抑的时候，他们醒来了，掀翻了一个世界，一个新生的古老的文明又重新成为那火里金莲渐渐生。

鸦片战争是一个国家的失败，却是一个民族的觉醒，这样的屈辱，逼出了一个温顺的民族的血性。

中国人的精神里总有一种从失败里站起来的志气和勇气，所以，才有卧薪尝胆的勾践，才有忍胯下之辱的韩信，而中国人崇尚这些曾经的失败者，不是因为他们当初的屈辱有多大，而是因为他们都在失败中站起来。

中华民族恰恰就是在这一次又一次披肝沥胆的失败中站起来，只是这个站起来的时间太长，姿态太过悲壮。

正因为有这些愿持精卫填海之心而奋起抵御外敌的小民，中国才不至于成为完全屈服的殖民地，无论在八国联军面前还是后来的日本侵略者的蹂躏之下。

也许在一些悲剧里，或是失败里，因有仁义高悬，那正气才能如日月长存。

所以，张明凤报国剑已折、归乡身难全地黯然离去，乃至悄无声息地消失，虽无壮烈，却也大义凛然。

六

中国的文明曾经于花繁柳密处拨开见得天下大道，让人识其天下了然于胸的浩瀚视野，但是历经一连串的惨败后，这个文明依然能于此风狂雨急时立得定，更让人见其根脉之深。

一个坚忍的文明，正因为敢于精卫填海累积蜗步之胜，敢于自剜骨肉反省颓败的自身，敢于凤凰涅槃求得焚裂后的重生，才能在五千年时光的奔腾里生生不息而得以不曾断裂地长存……

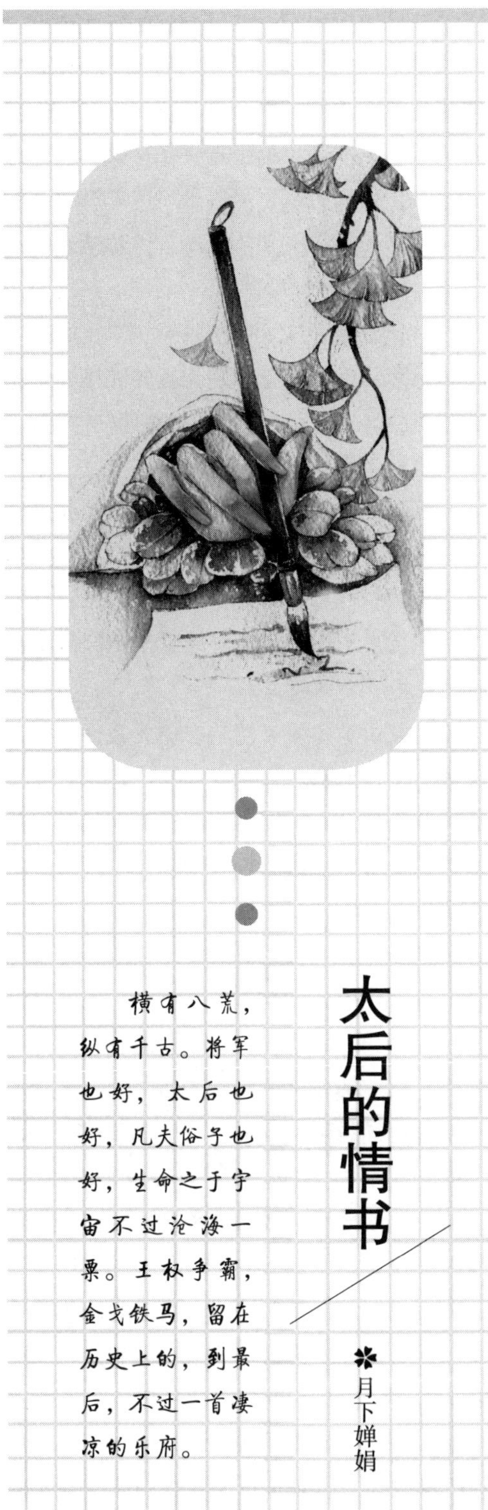

太后的情书

月下婵娟

横有八荒，纵有千古。将军也好，太后也好，凡夫俗子也好，生命之于宇宙不过沧海一粟。王权争霸，金戈铁马，留在历史上的，到最后，不过一首凄凉的乐府。

一

一千五百多年前，这位名叫胡仙真的女子出生在安定郡临泾县。彼时，她的母亲皇甫氏看见卧房内红光四射，不知是何征兆。

京兆山北县善于卜卦相面的赵胡对她的父亲胡国珍说："此乃吉兆，令爱有大贵的相貌，将来要成为天地之母，生下天地的主宰，但此事不要让超过三个人知道。"

江湖术士的预言，不知是不是在胡家的女儿日后身份显贵，被尊为太后之后的穿凿附会。但天生异象，红光四射的吉兆并不能保证长大之后的胡仙真顺利地进入北魏的宫廷。

在那个佛教盛行的时代，那个礼佛弘佛的国度，胡仙真有一位善谈佛理的姑姑。姑姑多次进入宫廷讲授佛经，在对帝王后妃大谈因果、宣扬佛法的同时，不遗余力地推荐自己的侄女，说她容貌美丽，德才兼备，是个世间少有的妙人。

百闻不如一见，宣武帝听的次数多了，便将胡仙真召进后宫做了承华世妇。

这是一个普通官宦家的女孩子平步青云攀上皇室的第一步。家族的努力，只能将她送到这里。一入宫门深似海，要怎样在这片幽深晦暗的大海里崭露头角，从今往后，全要靠她自己。

彼时的北魏政权，奉行的是开国君主道武帝定下的"子贵母死"制度。这一制度在北魏后宫延续了一百多年，处死了八位太子生母。这制度令后宫诸位妃嫔相互祈求祝祷，愿生诸王、公主，不希望生太子。

新来的胡仙真，这位承华世妇却向所有畏惧生下太子的夫人们发出宣言："天子岂可独无儿子，何缘畏一身之死而令皇家不育冢嫡乎？"

这样刚烈，这样勇敢。她有出人头地的志气，有不惜牺牲自己为皇室生下嫡子的热血。她孤注一掷，要用女子如水的生命和如花的青春，去赌一个不泯然于众的明天。

她怀孕之后，在后宫与之交好的姐妹纷纷前来劝告，以免日后真的生下了儿子，惹来杀身之祸，为保护自己，要趁早想一个万全之策。

史书记载，彼时的承华世妇胡仙真"固意确然"，她在幽静的夜晚指天发誓："但使所怀是男，次第当长子，子生身死，所不辞也。"

这誓言有没有不经意地被宣武帝听到，我们再也无从知道。史书留下记载，永平三年（510），三月十四日，胡仙真在宣光殿生下皇子元诩，被升为充华嫔。

宣武帝对元诩爱若至宝，特别另选乳母保姆，在别的宫室里精心抚养他。皇帝慎重到连皇后和胡仙真都不能随意接近这位宝贵的皇子。

延昌元年（512）十月十八日，元诩被立为皇太子。

"子贵母死"的祖训一直是悬在头顶收割胡仙真性命的闪亮镰刀。这位年轻的贵妇，在北魏风起云涌的朝堂和云谲波诡的后宫广结善缘，她洞若观火的眼睛早已看穿当今高皇后与前于皇后之间的种种权力纠葛和情感恩怨。

拜她仁慈的丈夫宣武帝元恪的网开一面，也多亏朝中大臣刘腾、崔光和于皇后兄弟于忠的鼎力相助，她没有被遵照旧制赐死，反而晋封为贵嫔。

延昌四年（515），宣武帝去世，元诩继位，是为孝明帝。尊宣武帝的皇后高英为皇太后，尊胡仙真为皇太妃。

太后与太妃，一字之差，她命运的脖颈仍然拿捏在别人手里。

皇权之下从无亲情，在你死我活的权力斗争之中，万幸胡仙真胜利了。她逼迫皇太后高英到瑶光寺出家为尼，铲除高英手握重权的伯父高肇。最后，她被尊为万人之上的皇太后。

《魏书》里这样记载："太后性聪悟，多才艺，姑既为尼，幼相依托，略得佛经大义。"

她这样聪明，历尽千辛万苦，玩弄权术，扫平一切阻挡她登顶权力至高位置的障碍，她终于笑到最后，成为这个帝国真正的执政者、掌权人。

起先，她是有过清明、强盛的执政记录的。亲自处理纷繁事务，亲笔批阅公文，在西林园法流堂弯弓射箭，奖惩侍臣，下令造申讼车，接受投诉的冤情，在朝堂上亲自策试孝廉秀才、州郡上计簿的官吏，废除各种不合礼制的祭祀……

只是最后，她曾经有过的热血，有过的壮志，有过的梦想，都在这万人之上，无人可以规束的极端皇权里被逐渐腐蚀。她纵情声色，她淫乱宫闱，她变得被天下人所不齿。

这个叫作胡仙真，现在已成为胡太后的女子，彼时还没有变成后期那般丧心病狂、骇人听闻的样子。彼时，她也有过刻骨铭心、情真意切的爱恋。

阳春二三月，杨柳齐作花。
春风一夜入闺闼，杨花飘荡落南家。
含情出户脚无力，拾得杨花泪沾臆。
秋去春还双燕子，愿衔杨花入窠里。

——胡太后《杨白花》

帝国年轻的将军杨白花武艺出众，英俊潇洒，守寡孀居的太后对将军一见钟情，强权逼迫之下的将军不肯就范，最后率部众逃奔到南方的梁朝，改名杨华。

她母仪天下，垂帘听政又如何？即便她登顶权力的最高峰自上而下一览众山小，她也只是一个多情的女人。

宣武帝是她的丈夫，不是她的爱人。她思慕杨白花，她辗转反侧，却求之不得。

后世里，写尽言情的师太说："我要很多很多的爱，如果没有爱，那么就要很多很多的钱。"

她给了杨白花很多很多的爱，同样也可以赐给他很多很多的钱。只是这将军不要。太后疯狂的爱令他蒙羞，令他不齿。

追思不已的太后，令宫人昼夜连臂踏足歌之，辞甚凄婉。

南梁那么远，就算北魏的宫廷日夜歌唱着这首令人肠断的情诗，杨白花也听不见吧。

四

几百年后，大唐的文豪柳宗元，怜惜这段感情，怜惜这爱而不得的女人，他作诗说：

杨白花，风吹渡江水。
坐令宫树无颜色，摇荡春光千万里。
茫茫晓日下长秋，哀歌未断城鸦起。

——柳宗元《杨白花》

横有八荒，纵有千古。将军也好，太后也好，凡夫俗子也好，生命之于宇宙不过沧海一粟。王权争霸，金戈铁马，留在历史上的，到最后，不过一首凄凉的乐府。

不能猜想她是不是这样深切热烈地爱过，渴求过，但终不能得。那扭曲的心便愈加疯狂，从此以后，她无所谓廉耻，无所谓善恶，无所谓伦理纲常。她没有很多很多的爱，便要握紧很多很多的权。

直到最后，权力与情欲将她变成毒杀自己亲生儿子的恶魔。她亡了家，也亡了这个帝国。

建义元年（528）四月十三日，她被人沉入黄河。她罪无可赦，她罪有应得。

犹记得许多年前，她是意气风发的太后，那时候她还年轻，还有一颗鲜活饱满热情的真心去爱一个人。她勇敢热烈地为一个将军写下的情诗，如同一封昭示千古的情书。

黄河滔滔，河上风大，河中水冷，她渐渐沉没，渐渐不能呼吸。在魂断之时，那隐约的风里，似有不知世故与故事的凡俗女子漫歌："秋去春还双燕子。"

大唐的一件小事

✽聆思

杜甫的门前，有且只有一棵枣树，却遇到了偷枣的“恶邻”……

一

唐朝永泰年间，瀼西，一位老妇人正在偷枣。

她颤颤巍巍地走到杜甫门前的枣树下，艰难地抬起竹竿将枣一个个打下来，而后再费力地弯腰捡起。这个老妇人太瘦了，当她抬起竹竿打枣时活像两根竹子接在一起，而且分不清哪段更细些。

她闻着手中枣子香甜的气味，嘴里不由得分泌出了一些唾液，肚子也开始有了响动。但她抑制住了现在就吃的冲动。“至少得回去捣碎了煮一下才咬得动。”她想。

她向杜甫的院子里看了看，还好，似乎没有人注意到她。老妇人又打了几个枣子后，向着杜甫家颤颤巍巍地行了一礼，而后离去。

二

杜甫的门前有一棵枣树，树上有枣。

在安史之乱后，杜甫成了“西漂”。“西漂”最困难的时期，是在四川那八年，八年里，杜甫为谋生计曾到处流落，也因此在不少地方留下了“故居”。其中有两处比较出名，一是成都浣花溪的“成都草堂”，一是奉节市西头的“瀼西草堂”。而有枣树的这处，便是“瀼西草堂”。

这处草堂置办于公元765年，当时由于一直照顾杜甫的老朋友“成都尹”严武死了，杜甫为了谋生，便举家搬迁到奉节。

那时候，奉节叫夔州，由于夔州的都督柏茂林也与杜甫交好，在知晓杜甫的处境后他便给杜甫找了个工作：代管东屯公田一百项。这个工作虽然位卑职小，但也足以供一家衣食，杜甫向好友道谢后便应了下来。确定了工作后，杜甫便在夔州西买下了瀼西草堂。

但不久后杜甫就发现了问题：自家门前枣树上的枣竟然经常被偷。

要知道枣子可是好东西，它是家里食物的又一大重要来源，有了枣子的补充，家里每天至少可以省下二斤粮食。况且枣子还可以晒干储存，还可以拿去跟人换一些东西。

杜甫家此时的状况并不好，有人偷枣子这件事是一定要查清楚的。终于，在多日的蹲守后，杜甫发现偷枣子的人是一个衣衫褴褛的老妇人。

杜甫认得她，她是住在草堂西边的一位新邻居，她是个寡妇，膝下无儿亦无女。虽然杜甫没有多打听她的经历，但想也知道，恐怕又是一个因战争和征兵而家破人亡的惨剧。

看着打个枣子都分外费劲的老人，隔着院门远观的杜甫叹了口气。枣子且就由着老人摘吧。

三

由于杜甫在夔州工作的地点是夔州东，但瀼西草堂却在夔州西，也就是说每天杜甫去上班得花费相当多的时间，于是杜甫决定全家搬去东屯住。

那么，瀼西草堂怎么处理呢？杜甫将之借给了自己的一位名叫吴南卿的晚辈亲戚。吴南卿来自忠州，是一位“司法”（州政府的军事参谋）。

但吴南卿的到来对老妇人却不是好消息。在吴南卿接手房子后不久，一道篱笆便竖了起来，老妇人自此便摘不得枣子了。

尽管杜甫在将房子交给吴南卿之前，曾经叮嘱过他不要太过为难这个老妇人，但作为一个军事方面的官员，他对这种近似于小偷小摸的行为还是看不过眼。于是便竖起了一道篱笆来表明态度。

一道篱笆说高不高，但足以阻拦住一个瘦小的老人；几捧枣子说多不多，却足以填饱一个饥饿的肚子。在摘不到枣子的日子里，老妇人的食物来源严重缩水。终于有一天她实在忍不住了，她走到了瀼西草堂的门前，请求吴南卿允许她摘一些枣子果腹。但吴南卿拒绝了，衣食无忧的他也许无法理解，几颗枣子也值得老妇抛弃尊严？

老妇人没法，只得又辗转找到了杜甫，她知道杜甫是好心人，她在打枣子时杜甫从未拦阻，甚至还曾帮她打过枣子。

平心而论，她并不想再给杜甫添麻烦，她不是不知羞耻，也不是不知回报，只是她的生活已经到那个地步了，常规的道德观已经不再适用。在那个可怕的年月里，她最先考虑的是活下去。

于是饥饿驱使着这位老妇人找到了杜甫。她向杜甫描述了自己遇到的困境。后来吴南卿便收到了一首诗，是杜甫送来的。

堂前扑枣任西邻，无食无儿一妇人。
不为困穷宁有此？只缘恐惧转须亲。
即防远客虽多事，使插疏篱却甚真。
已诉征求贫到骨，正思戎马泪盈巾。

——杜甫《又呈吴郎》

杜甫直白地交代了这个妇人的情况，感情真挚使人动容，哪怕是再冷血的人看到也不由得心酸几分。吴南卿到底不是个铁石心肠的人，于是不久后篱笆终于被拔掉了。

而在拔掉篱笆之后，这一棵枣树——可能是错觉——似乎结的果子比之前要更密一些，人们路过瀼西草堂门前时就会看到：一树饱满的枣子在枝头招摇，而一个打枣的老人在树下，艰难地、顽强地活下去。

浊世里的那抹温情

李怡楚

历史是一堆灰烬，但灰烬深处有余温。

西汉文帝年间，齐国都城有一管粮仓的官员，名叫淳于意。他曾拜名家为师，钻研扁鹊脉书，为人治病，预判生死，举无遗算。

很多达官贵人都来找他治病，但他脾气不太好，不爱结交权贵，无意中得罪了不少人。有人上书朝廷，控告他接受了贿赂，按律法要押往长安，再被处以肉刑，砍掉左脚。

祸从天降，淳于意气急败坏，一腔怒火洒回家里。他没有儿子，有五个女儿。他跟孩子们大发脾气，骂道：“生孩子没生男孩，到了紧要关头，没有一个能帮忙的。”

最小的女孩叫缇萦，听了很伤心，一路哭着，跟着父亲去了长安。

到了帝都，缇萦花了很多心思，给当今皇帝送上了一封书信：“我父亲当地为官，百姓都称颂他的廉洁公正，如今不幸触犯了刑罚。我痛心的是，处死的人不能再生，致残的人也无法复原，纵然想改过，也将无路可行。我自愿入宫当奴婢，为我父亲赎罪，为他争取改过自新的机会。”

文帝读了书信，大为感动，于是赦免了淳于意，同年废除了肉刑。

文帝施政宽仁，加上汉朝本就缺乏劳力，废除肉刑是应有之举。

缇萦的上书则正好给了皇帝一个契机，在天下人面前褒奖了一位女儿的孝行，同时顺势推行了一项仁政。

而站在淳于意的视角，小女儿力挽狂澜，保全了自己的身体，顺带着惠及天下，他自然是无比宽慰。

后世班固写诗赞道：“百男何愦愦，不如一缇萦。”这夸的正是缇萦的孝心。而更难得的是，遇见了文帝这样的贤君，才能成全这么一段美好。

世上从来都不缺苦心救亲的缇萦，缺的是关心百姓疾苦的文帝。

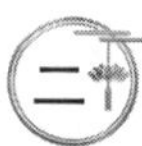

东汉灵帝年间，第二次党锢之祸爆发，皇帝下诏逮捕名士范滂。

范滂听说了，主动去县衙投案，县令说：“天下这么大，你何苦要自来寻死啊？”

范滂回答道：“我不忍心连累你，也不想让我的母亲流离他乡。”

母亲来与他诀别，范滂对母亲说：“弟弟可以给您养老送终，我去黄泉跟随父亲了，生者死者各安其所，请您千万不要悲伤。”

母亲回答：“你今日得以和李膺、杜密齐名，死而无憾！有了贤名，又希望长寿，两者怎能兼得？”

范滂跪下接受母亲教诲，磕头和母亲告别。

又转头跟儿子说：“吾欲使汝为恶，则恶不可为；使汝为善，则我不为恶。”

我想让你作恶，或许这样能更好地保护你，但恶事本来是不应该做的。我想劝导你做个好人，但你的父亲一辈子向善，从未作恶，却落得了这样的下场。这吃人的破世道，为善的斗不过作恶的，简直是毫无天理。纵然作恶能够苟活，但我跨不过我的良知，终究还是想着为善，终究还是昂然赴死。

生死相别，言之切切。

范滂死时，不过三十二岁，儿子大约十几岁。他说的这些话语，儿子不一定听得懂，他应该是说给自己听的。

世道糜烂，宵小横行，看不到尽头的无边黑暗。有人选择同流合污，一转头做了恶人，抽刀指向更弱者。有人选择麻木装睡，不闻不问，将头扎进翅膀里，胡乱混着日子。还有少数人明知前路无比坎坷，仍然选择听从内心，不愿做丝毫折让。

让他欣慰的是，母亲完全理解他的心迹，给予其莫大的肯定与宽慰。故而他能含笑而终，得其所哉。

东晋穆帝年间，北方的前燕出了一桩事情。

前燕开国皇帝慕容皝有十几个儿子，长子早夭，便立下了次子慕容儁为世子，但他更中意的，其实是五子慕容垂。

群臣们苦苦相劝，说不能废长立幼，乱了章法，慕容皝这才作罢。慕容儁因此恨上了慕容垂。

慕容皝死后，慕容儁继位，开始给慕容垂制造祸端。

但慕容垂骁勇善战，勇猛过人，在朝中颇有威望，慕容儁一时难以找到机会。于是他换了个思路，准备从慕容垂身边下手。

有人密告，说慕容垂的妻子段氏行巫蛊之事，意图祸乱禁宫。皇帝将段氏投狱，严刑拷问，问是不是吴王授意，希望她能供出慕容垂。

段氏却是个狠角色，“志气确然，终无挠辞”，一个字都不肯说。

没有拿到要想的口供，行刑者的手段越发残忍了。

慕容垂心疼得不得了，实在不忍心看着妻子继续受罪，便派人去劝妻子：“人终有一死，你不要硬扛了，你就说是我指使的，把罪认了，让他们给你一个痛快的。”

段氏咬着牙说：“我难道愿意去死吗？我一旦自诬而认，上使祖宗受辱，下连累大王你，我绝不屈服，绝不认罪。”

最后，段氏在狱中受尽折磨而亡，至死也没有让慕容垂受到牵连。

妻子的傲骨和情义，支撑着慕容垂走出了至暗时刻。

二十八年后，白发苍苍的慕容垂称帝，建立后燕。追谥段氏为成昭皇后，以为凭吊。

个体们的血肉与性情，构成了历史的温度。期间迸露出的温情，如同暗夜里的星辰，令彼时彼刻的世间显得不那么浑浊。

虽跨越千年，亦能与后人共情。

宋代风雪

祝勇

想到宋代，首先想起的是一场场大雪，想到宋太祖雪夜访赵普，想到程门立雪，想到林教头风雪山神庙，仿佛宋代，总有着下不完的雪。

张择端的《清明上河图》卷，也是从隆冬画起的，枯木寒林中，一队驴子驮炭而行，似乎预示着，今夜有暴风雪。萧瑟的气氛，让宋朝的春天显得那么遥远和虚幻。

《水浒传》也可以被看作描绘宋代的绘画长卷。《水浒传》里，给我印象最深的文字是关于雪的。文字随着那份寒冷，深入了我的骨髓。《水浒传》里的大雪是这样的："正是严冬天气，彤云密布，朔风渐起，却早纷纷扬扬卷下一天大雪来。"还写："（林冲）带了钥匙，信步投东。雪地里踏着碎琼乱玉，迤逦背着北风而行。那雪正下得紧。"

大雪，在林冲的世界里纷纷扬扬地落着，好像下了一个世纪，下满了整个宋代，严严实实地封住了林冲的去路。

林冲身为八十万禁军教头，其实是没有任何实权的底层公务员，所以高衙内这个高干子弟才对他百般迫害。即使如此，林冲想的还是逆来顺受，一心想在草料场好好改造，争取早日重返社会，与老婆、家人团聚。只是陆虞候不给他出路，高俅不给他出路，留给他的路只有一条，那就是"反"。

逼上梁山，重点在一个"逼"字，没有朝廷逼他，林冲一辈子都上不了梁山。连林冲这样一个㞞人都反了，《水浒传》对那个时代的批判，是何等不留情面。

那才是真正的冷，是盘踞在人心里、永远也焐不热的冷。

宋徽宗画《祥龙石图》，画《瑞鹤图》，那"祥""瑞"，那热烈，都被林冲这样一个小角色，轻而易举地颠覆了。

宋代的人都没有读过《水浒传》，但一入宋代，中国绘画就呈现出大雪凝寒的气象。像郭熙的《关山春雪图》轴、范宽的《雪山萧寺图》轴等等，都是以雪为主题的名画。雪，突然成了宋代绘画的关键词。以至于到了明代，画家刘俊仍然以一幅描述赵匡胤雪夜访赵普的《雪夜访普图》轴，向这个朝代致敬。

这在以前的绘画中是不多见的。晋唐绘画，色调明媚而雅丽，万物葱茏，光影婆娑，与绢的质感相吻合，有一种丝滑流动的气质。

到了宋代，绘画分出了两极——一方面，有黄筌、黄居寀、崔白、苏汉臣、李嵩、张择端、宋徽宗等，以花鸟、人物、风俗画的形式描绘他们眼中的世界，田间草虫、溪边野花、林中文士、天上飞鹤，无不凸显这个朝代的繁荣与华美；另一方面，又有那么多的画家痴迷于画雪，画繁华落尽、千峰寒

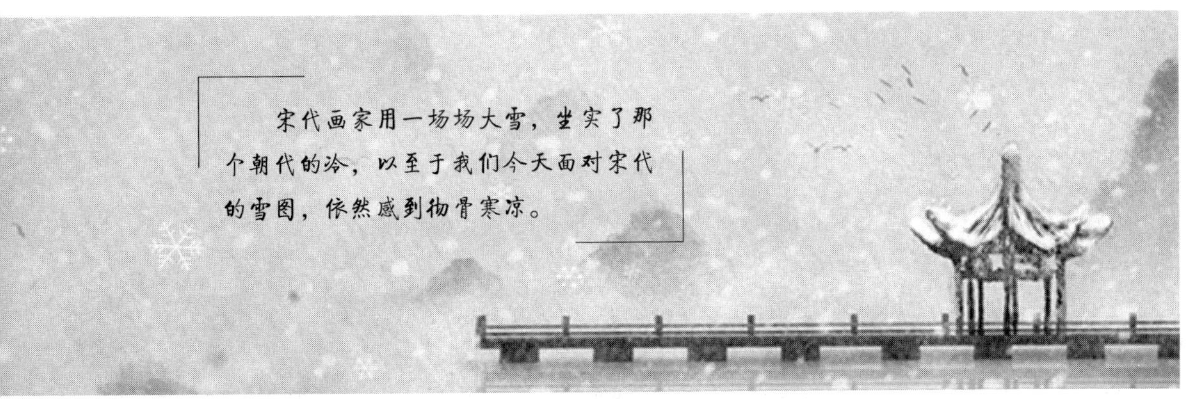

色的寂寥幽远，画“淮南皓月冷千山，冥冥归去无人管”的浩大意境，画“一片白茫茫，大地真干净”的清旷虚无，似乎预示了北宋时代的鼎盛繁华，最终都将指向靖康元年的那场大雪。

宋代雪图中的清旷、寒冷、肃杀，确实有气候变化原因。艺术史与气候史，有时就是一枚硬币的两面。

隋唐时期，中国气候温暖，所以，隋唐绘画如实地反映着当时的气候状况。

那时的中国人，窝在长安城里，吃着肉夹馍，度过了一个又一个暖冬。冬天的气温尚且如此，春夏就更不用说了。我甚至想，唐朝女人衣着暴露——袒胸露背，蝉衣轻盈，气候温暖应当是一个前提条件——世间能有多少人，甘愿为了风度而牺牲温度呢？

宋代中国的气候是冷的，比唐代要冷得多。宋代画家用一场场大雪，坐实了那个朝代的冷，以至于我们今天面对宋代的雪图，依然感到彻骨寒凉。

有学者认为，中国历史上曾经出现过四个寒冷期，分别是：东周、三国魏晋南北朝、五代十国两宋、明末清初。

而这四个时期，正是群雄逐鹿、血肉横飞、天下乱成一锅粥的时候。那乱，可以从气候上找原因，因为中国是农业立国，老百姓靠天吃饭，气候极寒导致粮食歉收，造成大面积饥馑，加上朝廷腐败等因素，很容易使天下陷入动乱。

宋人画雪，不是那种欢天喜地的好，而是静思、内敛、坚忍的好。假若还有希望，也不是金光大道艳阳天的那种希望，而是置之死地而后生的希望。

我看过莱昂纳多·迪卡普里奥的电影《荒野猎人》，他演的那个脖子被熊抓伤、骨头裸露、腿还瘸了的荒野猎人，就是在无边的雪地里，完成了生命的逆袭。但在几百年前，在中国的《水浒传》里，施耐庵就已经把这样一种寓意，转嫁在豹子头林冲身上，于是在少年时代的某一个夜晚，我躲在温暖的被窝里，读到如许文字：“林冲投东去了两个更次，身上单寒，当不过那冷。在雪地里看时，离得草料场远了。只见前面疏林深处，树木交杂，远远地数间草屋，被雪压着，处处不脱雪。破壁缝里透出火光来……”

我相信在宋徽宗的晚年，他所有的眼泪都已流完，所有的不平之气都已经消弭，他只是一个白发苍然的普通老头儿，话语中融合了河南和东北两种口音，在雪地上执拗地生存着。假若他那时仍会画画，真该画一幅《雪江归棹图》，在生命的最后时刻，对自己颠沛的一生，做一个交代。

400年前 吴梅村的困境

✻殊春

他无法让背叛大明的人付出代价，但他可以让手中这支笔描绘叛徒们的嘴脸，让天下人都看到他们的卑劣。然而他从来没想过，有一天他也会成为遗民眼中的叛徒。

一

崇祯帝在煤山自缢的时候，吴伟业已经弃官归隐了。

他看得出大明天下已不可挽回，看得出朝廷早已无法控制农民起义，明末的激烈党争也消磨了他最后的政治热情。他辞官回到了江苏老家，在那里营建了梅村别墅，后来“吴梅村”就成了他的别号。他只想在动荡的时代中给自己留下一片小小的世外桃源，远离战乱和纷争，与世无争地度过余生——尽管他才三十五岁。

但是崇祯的死讯轻而易举地击垮了他的防线。

吴伟业对崇祯是有感情的。二十二岁参加会试那一年，他被内阁首辅周延儒取为第一名，却被朝中反对周延儒的一派污蔑为靠舞弊才拔得头筹。周延儒将他的试卷进呈崇祯，崇祯读完后批示“正大博雅，足式诡靡”八字，这场风波才平息下去。对一个封建社会的文人来说，这样的知遇之恩足以让他铭记终生了。

然而那个赏识他的皇帝死了，死在李自成起义军兵临城下的绝望中。

他的第一反应是自杀殉国。他只是个手无缚鸡之力的书生，没有投笔从戎的胆识和气魄。他只有自己的一条性命，可以为毁灭的大明殉葬。

但他下不了手，他还有父母妻女，兄弟家人，他是一家百来口人的顶梁柱，没了国，可他还有家。

他最终只是大病一场而已。

二

那时还有一丝希望，南明弘光朝廷很快在南京成立，给大明留下了一线生机。吴伟

业放弃了隐居，应诏任少詹事，幻想着挽狂澜于既倒。然而弘光昏庸好色，马士英、阮大铖专权，导致他就任两个月就心灰意冷地弃官而去。

弘光元年（1645），清兵大举南下，摧枯拉朽，万里江山尽入异族之手。六七年间，风起云涌的抗清运动一次一次被镇压下去，清廷笼络汉族士人，吴伟业曾经的朋友和姻亲纷纷改节仕清，明眼人都看得出，大明不会回来了。

吴伟业隐居在自己的梅村别墅里，冷眼看着沧桑变幻，王朝兴亡。他已经不再对天下大事抱有幻想，但他迫切地想找到这一切的起因，想找到该为大明的毁灭负责的罪魁祸首。

他找到了吴三桂，这个本为明臣却向清兵双手献上山海关的叛徒。

吴伟业做不了什么，他无法让背叛大明的人付出代价，但他可以让手中这支笔描绘叛徒们的嘴脸，让天下人都看到他们的卑劣。

“鼎湖当日弃人间，破敌收京下玉关。恸哭六军俱缟素，冲冠一怒为红颜。”据说此诗一出，轰动文坛，吴三桂闻讯大惭，欲以重金求吴伟业毁《圆圆曲》之印版，被拒。

他从来没想过，有一天他也会成为遗民眼中的叛徒。

三

顺治九年（1652），吴伟业被人举荐，清廷很快下诏征他出仕。他那时已名震天下，清廷当然不会放过这样一个笼络汉族士人的好机会。各级官员百般逼迫，曾经的朋友和亲戚也来劝他就范。亡了国的吴伟业，连做个遗民的权利也没有了。

他当然可以抗命不遵，但那就意味着死亡。清朝成立以来大兴文字狱，不肯与清廷合作的士人们惨遭迫害，如果因抗旨而得罪清廷，要在他的诗文里找出一点“目无本朝”的“悖逆”之语，实在是太容易了。

他可以死，他的家人呢？

他认识一些陷入文字狱的读书人，知道他们的家人会落得怎样的下场。也许被流放宁古塔，也许被“发旗下为奴”。他有权为了自己的气节连累家人吗？

他的家人在诏书下达时就已表明了态度。“老亲惧祸，流涕催装。”他们催着他上路，去做清朝的官，去走那条被他唾弃过的道路。

他到底还是去了，每一步都踩在自己的尊严上。

顺治十年（1653），吴伟业应诏入都，任秘书院侍读，三年后迁国子监祭酒，数月后托故辞官，从此再未出仕。

短短的三年仕清经历，成了他抹不去的污点。

隐居十几年后，他在病重之际立下遗嘱：死后殓以僧装，墓碑上写“诗人吴梅村之墓”。

他不愿以清朝服色下葬，又无颜再穿明服，只能让自己在死后斩断尘缘。不知还有没有另一个原因，作为僧人下葬的他，终于六根清净，不用再担心牵累家人，也不用再被家人牵累了。

去世之前，吴伟业曾将平生诗文以仕清为界，分成前后两集，藏于家中。二百四十年后，藏书家在北京发现此集，命名为《梅村家藏稿》，在此书出版那年，宣统帝溥仪宣布退位。

冥冥中自有天意，吴伟业的遗墨，只有在清朝灭亡之后才会重见天日。

他算不上忠臣义士，但时隔数百年，我们仍能从他的笔墨里，看到一个诗人自我解剖与自我批判的勇气。

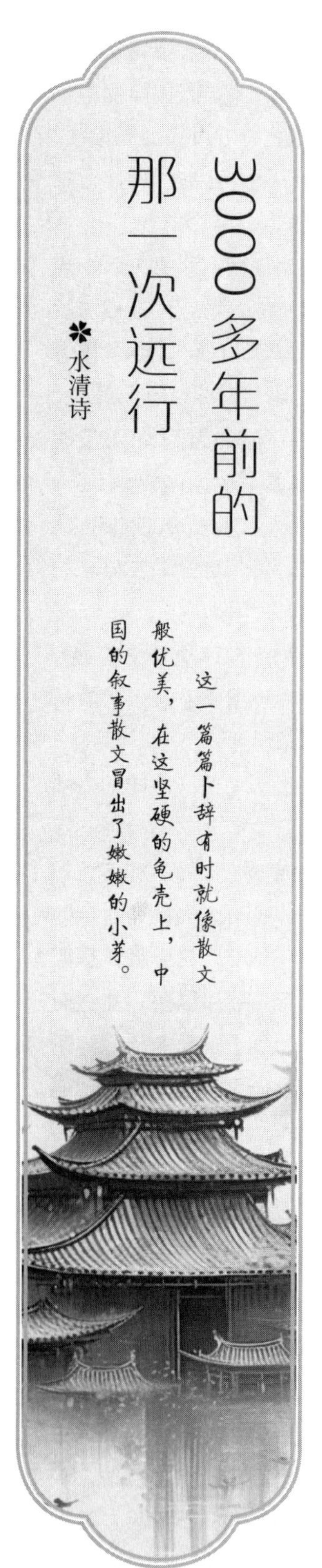

3000多年前的那一次远行

✻水清诗

这一篇篇卜辞有时就像散文般优美，在这坚硬的龟壳上，中国的叙事散文冒出了嫩嫩的小芽。

一

公元前1298年，河南安阳当时叫作殷的大道上，由东向西驾着牛车、马车行来了一支浩浩荡荡的队伍。

他们从奄也就是今天的山东曲阜而来，领头的是当时商王朝的君主盘庚，他将带着这支浩浩荡荡的队伍在这块肥美的土地上创造一个旷世的奇迹。

公元1899年，清末的深秋，离这支队伍在河南安阳的土地上停下来的时间已3000多年，在中国历史上最痛苦的此刻，一个叫王懿荣的金石学家，打开自己的药包，发现一些骨头，他好奇地拈起来看，他看见了上面奇怪的裂纹，他放在阳光下仔细辨认，3000多年前一个强大的王朝的光芒也穿透而来，为他静静照见自己藏在历史黑暗深处的秘密。

王懿荣觉得他好像看见了一些字。骨头上竟然会有文字？这个主持着皇家最高学府的古文字学者警觉起来，他派人四处向药店搜集这味叫作“龙骨”的中药。龙骨本有定惊之效，但现在这个病人却被这龙骨惊起了。

根据王懿荣多年研究，他感觉自己找到了传说中的那个甲骨文，也就是太史公《史记》里的“闻古五帝三王发动举事必先决蓍龟”，难道这就是五帝三王的蓍龟？那在传说中五帝三王的幻境如今就变成他触手可摸的实景，他离传说中文明入口的那扇大门只差这临门一叩了！

在这扇门里，那支浩浩荡荡的队伍卸下车上满载的货物，他们并不是很情愿这次几百里的迁徙，因为这个王朝从建立之初就经历了太多的迁都，他们厌倦了，但是他们的王盘庚慷慨激扬地说：“往哉生生！今予将试以汝迁，永建乃家。”——去吧！去寻求新的生活吧！现在我将率领你们迁徙，在新国都为你们建立永久的家园。

旧的都城经历了太多洪水的掠夺，也经历了太多争夺王权的政治之乱，那近百年的九世之乱让这老都城已经太疲惫了。新王盘庚，他发现了殷这块远离洪水又土地肥沃的地方，他决定把那已在都城奄生根的王朝连根拔起，重新修剪那让王侯作乱的盘根错节，在河南安阳这个地方重新栽下，另得一个万象更新的新生的王朝。

商王盘庚去询问巫师，巫师拿起一块用牛血涂过，磨刮得光滑如玉的龟甲，刻出新王要问的事，然后放在火上烧，龟甲爆裂，卜卜作响，巫师仔细看爆裂出的条纹，他说："吉。"

于是，盘庚带着这个占卜的结果向他的臣民发出迁都的动员令，他说："上天的旨意已经通过使者传达了下来；我不敢违背占卜的结果，我要让这占得的天意发扬光大！"——跟我走者，活；不走者，杀。

当孔子写下这些关于盘庚的文字时，他尚未见过他笔下的这占卜之骨。盘庚在孔子的家乡占问之后，也就是他继位的第三年，带着他的臣民浩浩荡荡出发了，去往那个他心中的乐土。

也许当初盘庚未迁，打开药包，拈起那甲骨细细辨认上面文字的就会是孔子，但是，他走了，把他所率领的那个繁盛的王朝留在了这个中国最伟大的思想家的梦中。

公元前 479 年，鲁城，也就是今天的山东曲阜，子贡去见孔子，孔子正拄杖倚于门前遥遥相望，望向未知的深处，他对子贡说："泰山就要坍塌了，梁柱就要腐朽折断了，哲人就要像草木般枯萎了。"说着说着，孔子流下了眼泪，最后他对子贡说殷商的人死时在两个楹柱之间殡殓，昨天黄昏，他梦见了自己就坐在两楹之间，他痛哭道："予始殷人也！"原来我的祖先是殷商人哪！

他的祖先从这里离去，去往那个叫作殷的地方，两百七十三年，没再迁都。直至最后被周所灭，而孔子穷尽一生去维护歌颂的周公，正是灭殷之主。

他说："弑父与君，亦不从也。"但正是他崇拜的周公镇压了他的祖先，摧毁了他祖先的都城，还将他的祖先迁往各地做奴。在人生这最后的七天，祖先来到梦中不言不语，只敞开了两楹，在盘庚离去的这个地方，迎孔子回家。

孔子扶着楹柱，望着当年祖先离去的方向，痛哭流涕，他经不起祖先之迎啊！

他对子贡说："现在我只想沉默。"

子贡说："您不讲，我们记什么呢？"

孔子说："天何言哉？四时行焉，百物生焉，天何言哉？"

天没说什么，四季周行，万物生长，天说过什么呢？

他的祖先也没说过什么，只静静地敞开门等着，七天后，信念崩塌的孔子归去。

他归去哪里呢？当年他的祖先从这里离去。他们来到了殷，从太阳升起的地方走向太阳落下的地方，那里将有最灿烂的晚霞堆出的金丝锦线，等着他们去绣织成最绚烂的锦缎。

这一趟行走，是一场洗涤，因为出发必须要有带不走的东西，那些带不走的就成了这个王朝积重而必须扔掉之物。所以他们浩浩荡荡地走在路上，用风吹去他们身上的浮靡，又浩浩荡荡地渡过黄河，用水洗去他们身上的秽土。

当他们站在殷的土地上，这个畿重而几乎走不动的王朝因此变得干净利落，他们有如初生一般，在这块土地上重新生长、繁荣昌盛，建造了一个辉煌的王朝，成为泱泱大国，东到山东西部，西到陕西西部，北到河北北部，南到长江流域，光芒直射向千秋万代。

在后代的子孙怀疑那史书上他的这些辉煌存不存在的时候，他生气地掷出一片刻着古老文字的甲骨，对王懿荣说："喏，这是钥匙！"

但是王懿荣还未来得及拿着钥匙去叩门，八国联军就攻入了北京，负责保护北京城的王懿荣抵抗不住，就再顾不上祖先的质询，试了吞金、服毒、投井三种惨烈的方式自杀殉了国。死得义无反顾不留后路，殷商人穿破几千年时空扔出的那堆甲骨，被静静地堆在他家里积灰。

后来他的儿子为了还债，将其卖给了父亲的好友，那个写《老残游记》的作者刘鹗。在他眼里，这是最能承受得起这钥匙之重的人——刘鹗也是个有志于甲骨文研究的学者。

刘鹗不负众望，自己又收集了几千片甲骨，然后出版了一本《铁云藏龟》的书，成为我国第一部辑录甲骨文的著作。

刘鹗说，这就是“殷人刀笔文字”，这是第一次确定甲骨文就是从曲阜迁到殷这块土地的殷商人的文字！这一确定，把中国信史提早了1000多年，殷商的祖先们松了一口气。他们追问神的问题，神给他们的启示，也回答了后世人对他们是否存在的疑问。这一问一答间，几千年的时光都确定不疑。

现在就剩夏了，大禹放下劈山的斧头，看着早已沧海桑田的土地，叹一口气，夏桀也惶恐地停下正在裂帛的双手垂头待问，后世子孙向他呼喊：“你在不在？”他无法像殷商人那样自信满满地扔出一片甲骨，用文字回答说：“喏，答案就在这里！”

但是在那个兵荒马乱的年代，殷商祖先向子孙回答这个问题的过程并不顺利。刘鹗不久被莫名其妙罗织了罪名流放新疆，然后死在了新疆。

殷商的祖先没办法，又收拾起这一大堆的甲骨，放在了刘鹗的亲家——一位大学者罗振玉面前。当罗振玉在刘鹗家中看到这甲骨文拓本时，他震惊了，他很快明白过来，并郑重地接过祖先放在他手中的这张纸发誓说：“今山川效灵，三千年而一泄其密，且适我之生，所以谋流传而悠远之，我之责也。”

他不负殷商祖先的期望，他决定去寻找这甲骨文最初掷地叩响人间的地方，那才是祖先指向的终极所在。

他从古董商人那里找到了一个叫小屯的村落，在河南安阳城西北五里处。是的，这就是当年盘庚带领臣民来到这里，停下来，开始建造他的强大的王朝的地方——殷墟，在巫师放到火上烧灼的甲骨上，它被写作“商邑”。

在这块土地上，人们不断地向上天询问答案，问王做了一个梦，得到“不会有祸”；问王该不该出行，得到“不该”；问王打猎会不会有收获，得到“会有”……。随着每一件大事小事的询问，他们的足下堆积的甲骨越来越多，最后埋过了他们的尸骨，埋过了他们早已湮灭的城池。

而这一篇篇卜辞有时就像散文般优美，在这坚硬的龟壳上，中国的叙事散文冒出了嫩嫩的小芽。

1915年春天，小屯村，迎来过很多农人的脚步、药商的脚步、古董商的脚步，此刻，终于迎来了第一个中国学者罗振玉的脚步，他的脚步声步步锤响沉睡在这片土地下的一个古老的王朝，顿时他步步生莲，那个古老的王朝重新在这土地上绽放出华丽壮美的花朵。

后来跟着他的脚步来到殷墟的学者们，开始前仆后继地努力，促成了自1928年开始的历时80多年的殷墟考古发掘，拂去了那覆盖了3000多年的泥土，那宫殿宗庙的根基还在，那做出大美的青铜器的手工作坊还在。中国人被挖出来的一个壮丽的时代惊艳了！

他们眼花缭乱，目不暇接又诚惶诚恐地看着祖先骄傲地呈现在他们脚下的东西，几十万片的甲骨文，埋藏无数珍宝的妇好墓，大批大批华丽精美的青铜器、玉器、陶器，以及那震撼了中华儿女的后母戊大方鼎。当这些国宝陈列于新中国的博物馆里时，殷商祖先长舒一口气，欣然而去……

雨巷幽人

故人千山外，

不寄梅花远信来

她原是一介平凡小女子，在动荡的大时代，亲历悲欢离合、国破家亡的民族悲剧，在无奈的随波逐流中挣扎求存，终于谱就她这一段不平凡的生命篇章。

张郁廉：铿锵玫瑰的传奇人生

✿潘彩霞

她生于乱世，两岁丧母，由俄国养母抚育长大，因此练就了扎实的俄语童子功。

战乱中，她走上抗日前线，亲历了台儿庄大捷、徐州会战、武汉会战等重大历史事件，被称为“中国新闻史上第一位采访战地新闻的女记者”。

前半生，她迎风舞蹈，裙裾飞扬在满目疮痍中；后半生，她漂泊台湾，在画坛洒下一路幽香。

她就是张郁廉。

幼年丧母，与外国养母结下缘分

1914年夏天，一名女婴降生在哈尔滨中东铁路局附属医院。

父亲是山东人，因厌倦了离乱的生活，他希望家庭永远团聚，为此，他给孩子取名为“聚聚”，学名张玉莲。然而，事与愿违。聚聚两岁多时，母亲突然去世，那时，弟弟才出生不久。

父亲要护送灵柩回山东安葬，旅程漫长，归来无期，走投无路之际，他决定把姐弟俩寄养出去。一位亲戚接走了弟弟，接纳聚聚的，则是俄国邻居阿里莫夫夫妇。

阿里莫夫是中东铁路局的工程师，家境富裕，他们夫妇年逾不惑，没有孩子。在新的家庭，聚聚有了新名字“佐雅”，她称养母为“瓦娃”。

从此，在紫丁香芬芳弥漫的夏日清晨，当起晚了的佐雅穿着白色睡袍匆忙跑出来时，就会看到瓦娃在餐桌前和蔼地向她招手：“来，我们等你呢！”

在养父母的爱与关怀中，佐雅被亲情沐浴，安全而快乐。后来父亲已经再婚可以接回他们时，在两个家庭中，佐雅选择了瓦娃。

转眼到了入学年龄，尽管佐雅只会说俄语，但瓦娃还是决定送她读中国的小学。

1922年，他们住进一个大院。从此，佐雅有了玩伴——大院主人家的孙家兄妹。哥哥孙桂籍已读六年级，“高不可攀，完全是个有抱负的‘爱国青年’”，这是他留给佐

雅的第一印象。

在学校，佐雅的中文进步神速。五年级时，她遇到了“拦路虎”，在瓦娃邀请下，孙桂籍每周来给她补习，那时，他已考入一所法政大学，并秘密参加了国民党，投身革命。

在教与学之间，友谊逐渐建立，不久，佐雅考入哈尔滨市立女一中。

入学要登记名字，孙桂籍建议把“玉莲”改成“郁廉”，他解释说：“‘郁’有‘文采美盛’之意，‘廉’是清清白白的意思。”

这无疑是欣赏与赞美，少女张郁廉感到，孙桂籍开始“在乎”她。

只是，这一对青梅竹马怎么也没有想到，即使他们心意相通，未来依然充满坎坷，因为，战争来了。

1931 年，张郁廉初中毕业，远赴天津就读南开女中。开学不久，“九一八事变”爆发。

学校被迫停课，家乡已沦陷，张郁廉决定到北平读慕贞女中。因为北平有孙桂籍，那时，他在国立北平大学商学院读经济。

1933 年冬天，不幸的消息传来，瓦娃因心脏病突发去世，张郁廉悲痛欲绝。

那时，日本人已经在东北建立了伪满政权，顾不上危险，她连夜赶回哈尔滨。

瓦娃不在了，但瓦娃的气息无处不在，风琴还摆在原来的位置，墙上挂着她喜欢的画，就连墙角的圣母像前，小油灯依然散发着温柔的光亮。

灵柩停在教堂，入殓前，张郁廉最后一次亲吻瓦娃的额头，热泪不断涌出，滴在瓦娃冰冷的脸上。

奔丧归来，很长一段时间，张郁廉陷在自我封闭中。临近毕业时，她不断地勉励自己：“未来操之在我，一定要坚强，要振作！”

1934 年，她考入燕京大学医学预科系，大二时，又转入文学院教育系，副修新闻。

不久，“一二·九运动”爆发，满怀国仇家恨，张郁廉毅然走进了游行队伍。途中，一位同学手中的校旗被军警夺走，张郁廉一步跃上，夺了回来。

当晚，一名男同学来宿舍找她，自报家门后，对方说："今晨看到你勇敢地夺回警察手中的校旗，实在敬佩，希望和你做个朋友！"

男同学的心思，张郁廉当然懂，可是，她的心里只有孙桂籍。

那时，孙桂籍已经毕业，在南京任职。似是心有灵犀，不久，他从苏联出差归来，他特意到燕大看望张郁廉，并送给她一枚用乌拉尔山石做的胸针。

1937 年，日本人发动了"七七事变"，和父亲短暂团聚后，张郁廉随流亡学生一起到南京去。告别时，父亲一再叮嘱她："女孩子家绝对不要到前线工作，一定要完成大学教育。"

在大时代的激流中，张郁廉被命运裹挟，"不到前线"这个承诺，她未能遵守。

战火中，走上抗日前线

动荡中，张郁廉从南京辗转到汉口。适逢设在汉口的苏联塔斯社需要人手，精通俄语、学过新闻的她顺利被录取。

1938 年春天，日军围攻徐州，张郁廉被派往徐州战区，协助苏联记者采访。在枪林弹雨中，他们行进到了最前线。

台儿庄大捷的消息传来，她和同事又立刻赶过去，硝烟尚未散尽，残垣断壁间，野狗穿梭着抢食尸体，种种惨状不忍直视。随后的徐州大突围中，在日军的低空轰炸中，他们昼伏夜行，每晚最少徒步十个小时，双脚起满了泡。直到二十一天后脱离危险时，人人蓬头垢面，疲惫不堪。

经过这次考验，张郁廉在新闻界声誉鹊起，回到汉口不久，她被调入重庆塔斯社。在那儿，她和苏联著名摄影记者罗曼·卡尔曼成为搭档。

此后，他们深入湘鄂前线、中条山战区，用镜头和笔记录着战火中的种种。

正是国共合作期间，1939 年 5 月，卡尔曼获准赴延安采访，张郁廉是他的专职翻译。

到延安后，他们受到毛泽东和罗瑞卿的接见，半个月的时间里，卡尔曼拍摄完成了纪录片《毛泽东的工作一日》，留下了珍贵的历史影像。

结束在中国的工作后，卡尔曼回到苏联。不久，张郁廉也离开苏联塔斯社，进入国际宣传处，以笔为枪，继续抗日。

1940 年 9 月，《大公报》出版《"九一八"纪念特刊》，介绍"东北作家群"时，张郁廉和萧红、萧军等著名作家并列，成为其中之一。

同事和谐，上司器重，工作繁忙而有意义，张郁廉意气风发。

1942 年，得知燕大准备在成都复校时，为了实现父亲"一定要完成大学教育"的心愿，她毅然辞职，准备复学。

离开重庆前，她偶然遇到中央通讯社社长萧同兹，萧同兹对她说："毕业后回重庆，欢迎你到中央社来工作！"

1942 年，28 岁的张郁廉"回炉当学生"，就在此时，她接到继母托人转来的信，信中说，父亲在日本的统治下受尽折磨，因感染伤寒去世。

"多年来，我所看到的、听到的、亲身经历的都是妻离子散或生离死别的人间大悲剧，而这些都是日本惨无人道的侵略战争所造成的！这血海深仇永烙我心，中华儿女又岂敢稍忘？！"

在抗战最艰难的日子里，张郁廉读完了第四年的大学课程。

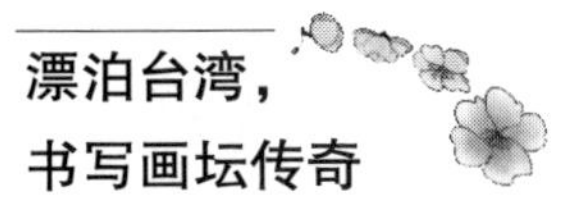

漂泊台湾，书写画坛传奇

大学毕业后，张郁廉回到重庆，正式加入中央通讯社。

之所以到重庆，还有一个更重要的理由：青梅竹马又志同道合的孙桂籍在那儿，他一直在等她。

1944 年 3 月 26 日，经过血与火的洗礼，张郁廉和孙桂籍在租来的茅草房里组建了小家庭，枣红色旗袍衣料、脚上的鞋子，都是好友从英国寄来的。

那晚，朋友们散去后，想到多年来与日军占领区的亲人们音讯隔绝，两个人忍不住相拥而泣。

这年，她 30 岁，他 33 岁，他们相识整整 22 年了。

艰难中，日本投降的喜讯传来。抗战结束后，孙桂籍放弃外交部的工作，决心回东北服务桑梓，先后在旅顺、沈阳、长春担任市长，张郁廉夫唱妇随，一同前往。

随着国共战事升级，1949 年，在国民政府的催促下，张郁廉跟随丈夫登上去往台湾的飞机。两个孩子，手里牵一个，怀里抱一个。

走出机场，只见公路旁的椰子树和棕榈树随风摇曳，颇有些异域风情，可是，他们无心欣赏，漂泊异乡，未来迷茫，心中只有酸涩。

当时的台湾，风雨飘摇物质匮乏，尽管居无定所，但张郁廉依然乐观开朗，越是逆境，她越是坚忍。

在确定此次背井离乡不是暂时、短期时，她拜国画家黄君璧为师，从此走进了艺术的世界。

经济窘迫，居住环境简陋，一张放在榻榻米上的四方木桌，既是餐桌，也是孩子们的课桌，还是孙桂籍的办公桌，只有夜深人静时，才是她的画桌。

随着画有所成，张郁廉声誉日隆。然而，她始终牵挂着海峡的那头，她在台湾银行资料室供职，从世界各地的中英文报刊中，她细心捕捉着大陆的消息。

年齿渐长，她越来越怀念童年，怀念她的养母瓦娃。

带着孩子们露营时，她准备的最拿手的食物，总是瓦娃教她做的俄国炸包子；散步于林间，她总会随手折下一朵小紫蓝色花别在胸前，那是瓦娃最喜欢的颜色。

尘封的记忆涌上心头，有喜悦，也有落寞。她渴望着，像她的小名“聚聚”一样，两岸也有和平，有团聚。

可是命运哪，总是无情。1976 年，丈夫孙桂籍应邀参加一个讨论会，起身发言时，心脏病猝发，突然与世长辞，没有留下任何话语。

无数次，他们曾渴盼祖国统一。1990 年，阔别四十一年之后，张郁廉回到大陆探亲，在北京，在哈尔滨，她找寻着自己的成长记忆。

青山依旧，白云悠悠，站在瓦娃的墓前，她忍不住热泪长流。

晚年时，张郁廉移居美国，画山水速写之余，她朗诵俄文诗，高唱俄文歌，以此自娱。

旧金山的初夏，当小小的黄褐色蝴蝶在草地上盘旋时，她仿佛看到许多年前瓦娃牵着她的小手漫步在哈尔滨郊区的草地上。

2010 年 5 月 12 日，96 岁的张郁廉在睡梦中离世。此前，在家庭分享会上，她留下了最后的心愿：“一家人团团圆圆、平平安安，不要再有战争了。”

一生不忘忧国，传奇永不落幕。

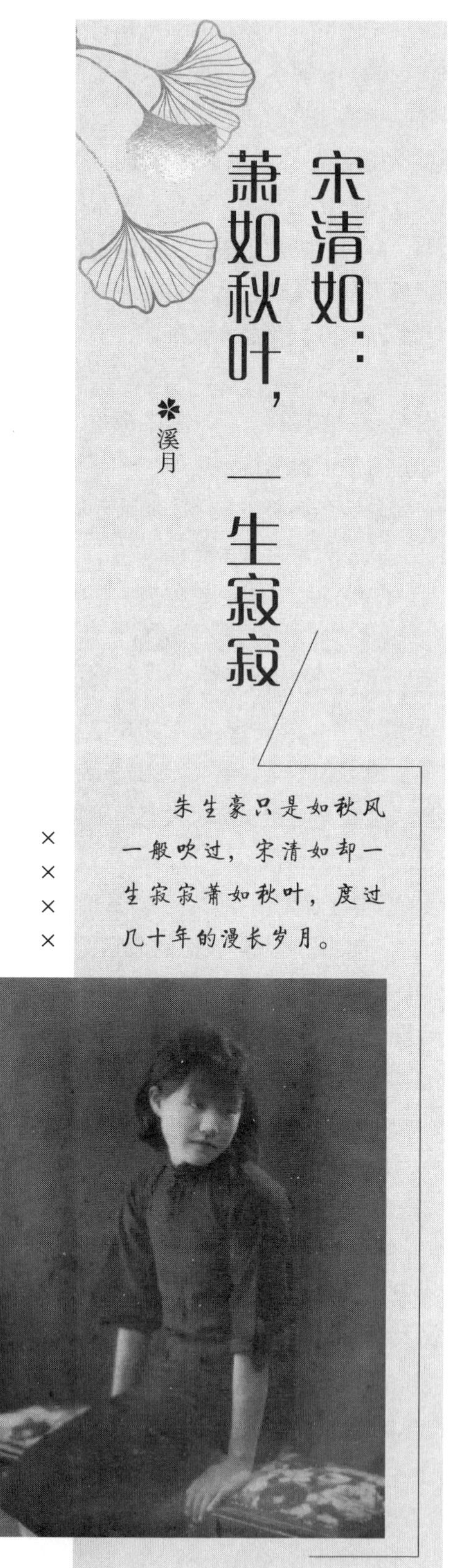

宋清如：萧如秋叶，一生寂寂

✽溪月

朱生豪只是如秋风一般吹过，宋清如却一生寂寂萧如秋叶，度过几十年的漫长岁月。

她是近代一位女诗人，20世纪30年代，她就曾在《现代》杂志发表诗作，其诗被施蛰存称誉为“如琼枝照眼”。

然而，众人知道她，却是通过她的丈夫朱生豪。她在新体诗上的贡献，也被莎剧翻译家朱生豪的赫赫声名掩盖了。

她是宋清如。

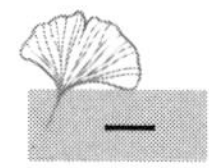

一

1911年，宋清如出生于江苏常熟栏杆桥的一富户人家。

宋家是地主家庭，家境殷实。清如天性聪慧，7岁时，父母请了一位秀才来家中启蒙。

父亲的初衷只是让女儿识文断字而已，他只希望女儿将来能做一个相夫教子的贤妻良母。

没想到，清如对读书的兴趣却愈益浓烈，几乎到了嗜书如命的地步。她立志要做一个读书人。强烈的求知欲驱使她主动要求到新式学堂继续读书，母亲拗不过她，只得答应。

1926年，宋清如又去苏州慧灵女中继续学业。正当宋清如全身心埋头学业之时，却面临着人生一大抉择，是婚嫁还是继续深造。

幼时，父母就做主与江阴华氏订下婚约。她读完初中，父母便操持起她的婚事，催促她早点完婚，还请来了木工开始做嫁妆。

这个受新思潮影响的姑娘坚决不从，她偏执而决绝地反抗着这桩包办婚姻。

求知若渴的她，有一个自由的灵魂，满怀理想的她，想创造一片属于自己的天地。最终，父母妥协了。

1932年夏，21岁的宋清如考上了杭州之江大学，读国文系。在美景如画的之江大学，她仿佛获得了新生，开始攀登起新诗创作的高峰。

她向《现代》《文艺月刊》《当代诗刊》等杂志投稿。

《现代》杂志主编施蛰存先生还专门给她回了一封长信："一文一诗，真如琼枝照眼……真不敢相信你是一位才从中学毕业的大学初年级学生……我以为你有不下于冰心之才能。"

她的诗作饱含含蓄而优美的凄凉色彩，表露独立自我的意识，展示现代知识女性对个人生命的体验，称得上新诗中的精品。

二

与此同时，她还积极加入了当时校内有名的"之江诗社"，在一次诗社活动时，她遇到了"之江才子"朱生豪。

朱生豪是浙江嘉兴人，才华横溢，中、英文造诣绝佳。

两个年轻的诗魂就这样相遇了，很快他们便开始了频繁的诗词酬和，也开始长达十年的恋爱历程。

迎着早春的微风，他们相约去灵峰踏春探梅，去灵隐寺寻幽览胜。西子湖畔、六和塔下都留下过他们的身影。

然而，两个相见恨晚的年轻人，虽已心潮波动情愫暗生，却始终把"爱"字珍藏在心间，从未点破。

直到1933年夏，朱生豪即将毕业，两人晦明晦暗的关系才有些微突破。

临别之时，朱生豪将1932年秋创作、1933年夏完稿的三首《鹧鸪天》赠给宋清如。宋清如则把一支美国康克林墨水笔赠给朱生豪。

词作中，一句"不须耳鬓常厮伴，一笑低头意已倾"映入眼帘，宋清如才恍然，这个内敛的才子已把不曾启齿的情感，宣泄无遗。

自此，两人分隔两地，离别让他们之间的爱情更加浓烈醇厚，也更加缱绻缠绵。

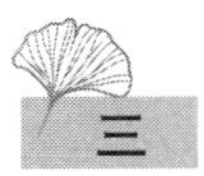

三

战乱岁月里，他们笔墨往来，在长达九年聚少离多的相思之中，写下了大量互诉衷曲的书信。

自古文人皆情种。生性木讷，言语笨拙，且被朋友笑谑为"没有情欲"的才子，写起情书来却洋洋洒洒，笔底丰盛而辽阔，感情炽热而奔放。

外在内敛腼腆的他说起情话来，就像决堤的洪水般大浪滔滔，无论谁人读之，都会为之心动。

"醒来觉得甚是爱你。"

"春天，我不忆杭州，只忆你。"

"我只愿意凭着这一点灵感的相通，时时带给彼此以慰藉，像流星的光辉，照耀我疲惫的梦寐，永远存一个安慰，纵然在别离的时候。"

……

伴着那些苦寂的光阴，他把满腹的痴恋，和着煎熬的思念、苦闷的心情，统统倾泻在笔端。他只恨情长纸短，思念如何也表达不完。

宋清如当年回给朱生豪的信，想必也是柔情似水，美丽动人。奈何时光久远，种种原因导致她的笔迹损毁太多，我们无法看到。

但是1934年春，她致朱生豪的一首情

诗却留存了下来："假如你是一阵过路的西风，我是西风中飘零的败叶，你悄悄地来，又悄悄地去了，寂寞的路上只留下落叶寂寞的叹息……"

寻着这首情诗，我们似乎看得到她身上那独属于诗人的气质和芳华，以及渗透在字里行间的温润情思。

四

抗战爆发后，他们在颠沛流离中天各一方，一别又是6年。其间，朱生豪只钟爱两件事，一是给远方的清如写信，二是手不释卷地翻译莎士比亚戏剧。

朱生豪多年前就对莎剧饶有兴趣，曾反复钻研，决心要还莎翁之原貌。1935年，他在前辈的鼓励下着手翻译。

他把这一宏愿当作人生的至高追求，还决定把译著作为礼物献给宋清如。

可惜译莎稿件在战争中曾数度被毁，进展一直不快。每当头顶掠过日军的炮弹，朱生豪第一时间想的是抢救自己的藤箱。他什么都可以不要，但藤箱是他的宝贝，因为里面装着莎剧译稿，那是他为之奋斗的事业和希望。

1941年，朱生豪第二次补译的全部译稿和重新搜集的资料再次毁于战火，心血之作付之一炬，他大受打击。正当他陷入无止境的痛苦和落魄时，宋清如从重庆返回上海，来到他的身边。

1942年5月1日，国难深重的时刻，朱生豪和宋清如在上海举行了一场简单的婚礼。他们结束了漫长的离别和坎坷的奔波，终于走到了一起。这年宋清如31岁，朱生豪30岁。

一代词宗夏承焘为这对新人题写了"才子佳人，柴米夫妻"八个字，贴切地表述出新人的境况，生动地体现了他们相濡以沫、患难与共的精神。

新婚合影中的宋清如以短发亮相，脸庞清秀，眉眼带着盈盈的笑意。她找到了真正的幸福，嫁给了最爱的人。

然而，浪漫的爱情过后，他们不得不正视现实生活的困苦。

五

这年夏天，他们从上海逃到宋清如的家乡常熟避难。

面对婚后的生活无着，也为了成就丈夫的事业，这位酷爱文学、才思出众的女子，做了一个名副其实的"柴米夫人"。

宋清如钦佩丈夫的人品和才华，理解他的热情和执念，她像那个年代的知识女性为家庭而做出牺牲一样，选择牺牲了自己。

她转身变为主妇，挽起衣袖洗手为君做羹汤，看着因经济拮据而长期营养不良的丈夫，仍不知疲倦地投入翻译工作，宋清如于心不忍。

1943年初，春节前几天，时局稍有稳定。朱生豪夫妇俩带着简单的行装，告别常熟，回到了嘉兴东米棚下。

朱生豪"闭户家居，摈绝外务"，全力以赴地从事译著。在忠实于原著的基础上，他把博大精深的古诗词修养渗透其中。

可是，困苦的生活条件摧损了朱生豪的健康。长期高强度的工作拖垮了他原本单薄的身体，加上战争动乱，缺食少药，生活清苦，终致积劳成疾。

他被确诊为严重的结核病，得知病情的那一刻，他痛哭失声，绝望之至，对妻儿深怀愧疚。

宋清如悲痛欲绝，尽管她日夜悉心照护，却拉慢不了死神的脚步。1944年12月26日，无情的病魔吞噬了朱生豪年轻的生命，一位文坛翻译巨星在生命的天际陨落了。

六

他在人生道路上才度过32个春秋，正处在奋发有为的年华。这一年，宋清如才33岁。

朱生豪留下已完成的31部半莎翁戏剧，这是他以殉道者的精神，在10年中的无数个日夜里，替中国翻译界完成的一项最艰巨的工程。

他走了，她曾写下过哀伤的文字："痛苦撕毁了我的灵魂，煎干了我的眼泪。活着的不再是我自己，只似烧残了的灰烬，枯竭了的古泉，再爆不起火花，漾不起漪涟。"

可她必须坚强地活着。

她一边抚养儿子，一边执教。同时，为了使《莎士比亚戏剧》的译稿得以现世，她把全部激情倾注在亡夫未竟的事业上。

她独自完成朱生豪180万字遗稿的全部整理校勘工作，并写下译者介绍。1947年，世界书局先后出版了《莎士比亚戏剧全集》三辑。

朱生豪的译作问世后，博得了海内外学界的好评。美国文坛"为之震惊"，认为华人竟有如此高质量的译文，而且出自无名译者之手，实属奇迹。

不过，朱生豪还余下未完成的5部半莎剧。丈夫虽然去了，但她要不惜一切代价，把剩余的翻译完成。

1955年到1958年，她请假前往成都，在朱生豪弟弟朱文振的协助下，着手翻译剩下的莎剧。一瞬间，那个年轻时的江南才女似乎回来了。

她谨慎而庄重地去从事这项意义重大的工作，殊不知，她在这边花费精力时，出版社那边竟早已落实了译者。

这真是个巨大的遗憾，但她却释然了。因为她知道这部浩大的著作，终于可以完整地展现在读者面前了，亡夫也终于可以含笑九泉了。

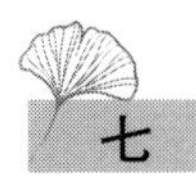

七

1977年，宋清如回到了嘉兴南门朱氏老宅，住在楼下北面的一间偏屋内。这一年，她已经66岁了。

重新回到旧日的居处，目之所及皆是回忆。当岁月如云烟般逝去，此时的宋清如早已不复年轻时的模样，她的明眸里蓄满了愁思，脸庞上浸满了沧桑。

晚年，宋清如把伴随她40多个春秋的200多万字的朱译手稿，全部献给国家，供热心莎剧的人们和专家学者研究之用。

至于朱生豪写给她的那些恋人絮语，由于战争和动乱，极大部分信件均已毁弃。她本来要烧掉幸存下来的部分，终究没有舍得。她把这些信件编成朱生豪书信集，以《寄在信封里的灵魂》为书名，于1995年由东方出版社正式出版。

朱生豪只是如秋风一般吹过，宋清如却一生寂寂萧如秋叶，度过几十年的漫长岁月。

1997年6月27日，宋清如走完了86载人生旅程。当年的之江才女在守望和相思中，坚忍地走完了寂寞清苦的一生。在与爱人分离53年之后，两人终于重逢。

傅敏：身居暗处，却永远向着光明

✽水清

人的命运常如笔立在身旁的两堵高墙，它逼迫着人两眼一抹黑地不停往前走，无法回头。

一

2020年底，傅聪在欧洲去世，傅敏悲痛不已。那时兄弟俩因身体原因，已数年未见面了。

谁料，2023年初，傅敏也染病，虽然当时抢救了过来，但86岁高龄的他精力渐衰，还是于5月19日晚在上海离世了。

傅家一门三父子，人人都知傅雷和傅聪，对傅家次子傅敏却知之甚少。是啊，在大翻译家父亲和大钢琴家哥哥的万丈光芒映衬下，当了一辈子教师的傅敏简直是名不见经传。

可正是这个外貌上简直跟父亲一个模子刻出来的傅敏，默默地一手促成了被誉为“教育圣经”的《傅雷家书》的出版。

而他崎岖坎坷的一生，似乎不足为外人道，却字字句句都注满了普通人在时代命运下的无奈辛酸与知命达观。

二

傅聪赴波兰留学后，傅雷就开始给傅聪写信。从1954年开始，直到1966年，傅雷给傅聪写了180多封信，多年后，都收录在《傅雷家书》一书中。

在180多封信里，傅雷跟傅聪谈艺术、谈学习、谈生活，循循善诱，脉脉温情，父亲对孩子的舐犊情深，在字里行间展现得淋漓尽致。他关心儿子的一切，他的音乐，他的阅读，他的感情，甚至，关心到他走路的时候有没有把衣领折好。

在这些往来密集的书信中，提到傅敏的却寥寥无几。傅雷不遗余力地培养了傅聪，却近乎残忍地忽视了傅敏。

长子傅聪出生后，成功地得到了家里所有人的爱、关注和期望。

傅雷亲自编教材，延请名师来家中为傅聪授课；找最好的老师教他弹琴，并且严格监督他每天练足八小时的钢琴。租钢琴、买钢琴、拜师求学，包括之后的留学深造，都所费颇靡，靠傅雷的翻译收入，着实有些捉襟见肘。

1953年，次子傅敏想报考上海音乐学院附中，可是，父亲不让。

傅雷回绝的理由让人无法辩驳。第一，家里只能供一个孩子学音乐。你也要学音乐，我没有这能力。第二，你不是搞音乐的料子。第三，学音乐，要从小开始。你上初中才学琴，太晚了。

在当时的背景下，傅雷大概也是忍痛拒绝了傅敏，毕竟长子次子都是自己的孩子，但没办法，金钱、精力和时间都有限。自古一碗水难端平，厚此薄彼，有时候也是难免了。

可是，大家似乎忘记了，傅敏也是酷爱音乐的。比哥哥小三岁的傅敏从小对音乐耳濡目染，他非常喜欢小提琴，曾偷偷跟着父亲的好友学过一阵子。傅敏的天分，得到了这位好友的啧啧称赞。

可是，没有用的，在现实面前，理想只能让位。之后，傅敏只得就读了普通高中。那个曾有过的小提琴梦，像纷飞的蝴蝶，消失在岁月的长河中。

多年之后，傅敏回忆这段经历："从小父亲对我们的教育方式就不同。他对傅聪花大部分精力，要他学这个学那个，而我呢，更多的是受学校的教育。在我中学毕业之后，父亲对我说：'你不可能和你哥哥一样，你还是老老实实当一个教师吧。'"

敦厚的他没有怨怼，兄弟俩从小一起长大，彼此之间深厚的感情让他觉得这一切也是理所应当。可是，徐徐回望，是不是还是有一点点遗憾，一点点感伤呢？

但那时的傅敏来不及感伤，一场更大的破坏已接踵而至。

三

傅敏的学习功课一向非常优异。高中毕业之后，他本想就读北大外国文学系，但当时校方觉得他做新中国的外交家颇有前途，最后他便进了北京外交学院。

可是啊，人的命运常如耸立在身旁的两堵高墙，它逼迫着人两眼一抹黑地不停往前走，无法回头。进入大学的第二年，哥哥傅聪却在父亲被打成"右派"期间私自出走英国，傅敏的生活也随之跌入了黑暗的深井。外交学院没做任何解释，就把他调入了北京外国语学院。

1962年，傅敏一毕业，就失了业。眼见着周围同学兴高采烈地去了出版社、大学、研究所……唯有他，无人问津。当时，哪个单位有胆量，敢接收这个家庭背景无比复杂的学生呢？

几近绝望之际，傅敏来到中学任教英语。父亲曾断言傅敏就是教书的料，果不其然，教书，让傅敏寻找到了属于自己的生命价值。

性格如父亲一般勤勉细致的他一丝不苟地开展着教学工作，渐渐地，他在英语教学方面小有名气了，许多外校教师都来观摩他的课。

虽然如此，还是有点为他惋惜，他本可以在更大更广的平台施展更大的抱负，但人在局中，傅敏还是甘之如饴地接受了命运的安排。

二十世纪六七十年代，哥哥傅聪曾作为封面人物登上了《时代》周刊，在其享受荣光的背后，弟弟傅敏却如一只小蜗牛，在黑暗的深井下艰难地爬呀爬，头顶几乎看不见光亮。

1966年9月3日，刚烈耿直的傅雷和

夫人朱梅馥在家中自缢。哥哥远在欧洲。相恋数年的女友顶不住压力，跟傅敏提出了分手。时代给予个人的伤痛和凌辱，一股脑儿都浇在了傅敏一人头上。

他独自一人承受着非人的凌辱，被关在屋子里，每天只能啃冷馒头，整张脸也像馒头一样肿胀无比。身心折磨之下，他只求速死，谁料，到最后，连死亡竟也成了奢侈。他试图跳水自杀，可是河水太浅了没有淹死。后来，他用手去摸电门，但是因为穿的是胶鞋，也没有成功。

命运留下一个人的命，总有其道理的。熬着熬着，他熬成了历史的见证者和记录者。

四

1979年，傅敏去英国探望哥哥傅聪，并在英国学习了一年。当时，所有人都以为他以此为跳板，去投奔更安逸的生活不回来了，然而，他并没有。

1980年，傅敏归国了，他带来了先进的西方教育理念，并将这些研究成果付诸实践，投入了他一生热爱的国家基础教育。并且，他还向学校提出要求，终身不升“长”，只做一辈子的中学教师。

他断了自己的升官之路，说服了傅聪，四处奔走，搜集整理家书，并最终成集《傅雷家书》，于1981年正式出版。

傅敏凭一己之力，促成了这本传世经典的问世，出版之后，畅销了40余年，影响了几代人。而在整本书里，他的名字几乎只在序言里出现了一下，仅此而已。很多人即便读完全书，都不知道，其实，他就是傅雷的次子。

其实，父亲写给他的信也是有的，只是在特殊年代，傅敏预感到不测，早早把信烧掉了，而傅聪的信，因远在欧洲，而有幸得以保全。

傅敏在整理父亲写给哥哥的家书时，发现父亲曾提到自己：

初期因他天资差，开窍迟，我自己脾气又不好；后期完全放任，听凭学校单独负责；他入大学后我也没写长信（除了一次）与他。像五四至五七、五九至现在我写给你的那样的信，一封也不曾给敏写过。无论在学业方面、做人方面，我都未尽教导之责。当然他十年来思想演变与你大异，使我没法多开口；但总觉得对你给得很多，对他给得太少，良心上对不起他。

我不知道，傅敏在读到这段文字的时候，是否也像哥哥傅聪在看到电视里孩子寻找父亲的画面时，那样号啕大哭。

傅聪曾在自传说过一件事，说他有次回国，无意中跟弟弟比手，发现自己的手其实很硬，并不适合弹琴；而弟弟的手非常柔软，能张得很开，这才是演奏者的天赋。

一门二子，命途迥异，实在让旁人感怀不已。温柔敦厚的傅敏却从未有过怨言。

有那么几年，傅聪常回国演出，有时暂住在傅敏家里。记者们持着长枪短炮，挤在傅敏家小小的客厅里，簇拥着世界级的音乐家傅聪。

这厢热闹非常，那厢被遗忘在历史的角落里的，是傅雷的次子傅敏。傅敏，他就这么微笑着看着哥哥，在哥哥的万丈光芒之下，他神色泰然。

历史的风浪吹尽狂沙，始淘真金，傅敏站在父兄的光辉之下，活成了最好的自己。

他用一生的温柔和包容，承受住了最差的命运捶打，也抵挡住了最好的时代诱惑，他真正继承和践行了父亲的那颗“赤子之心”，百年风骨让人肃然起敬！

夏济安：不见春上花枝

✽温如酒

有人爱得坦坦荡荡，有人爱得掖掖藏藏，有人求得厮守天长，有人落得遗憾收场。

她来了。今天穿了一件新的浅青灰色的绒线夹克，戴了一双黑皮的长筒手套。她没穿过大衣，最初看见她时，是件上胸有一条（两条？）红条的浅灰色绒线衣，最近两个月是件黑色拉链的绒线衣，旗袍总是很干净的深青布的。她的趣味是很素雅的……

一九四六年二月二十七日，夏济安在日记中如是写道。

他当是在人籁沉沉时，捻灯铺纸，写下这篇日记，便是此时，他才敢将囚禁心海的情愫稍稍释放，随月华轻流慢淌。灯光昏黄，将那隐秘心事照亮，逐光的飞蛾嘲笑他的懦弱无胆，将一腔爱意紧紧掩于唇齿。

方寸日记是最隐蔽之地，一声声“李彦、李彦”，喑哑无声，于此却可恣意呼唤。他的爱意，非但掩于唇齿，尚且避人耳目，像一个窃贼，于无人留意处，偷取她的点点滴滴。

白日里，课堂上，他手拿课本与教案，立于讲台之上，将目光平等分给所有学生，不教人察觉他的私心。只是，李彦早已将他一颗心完全占据，因她总坐前排，却又不止这一缘故。

她的浅青灰色绒线新夹克，她用牛皮纸包起书封的课本，她不长不短的发，她不大而并非不

秀媚的眼。她的一切，被他攫取无遗。古人言，情若游丝。情丝一缕坚韧，牵扯着一颗心，时时为她辗转、起伏。

夏济安初次将她刻入自己的日记，不过一句“李彦没有缺席，可是迟到，脸涨得通红”，便将心事曝晒于日光下。

而他始终将自己置身于角落，相思也只在暗处，苦只当是自苦。

本月初，除夕夜，夏济安与卞之琳等人同吃年夜饭，大嚼猪油年糕，伴着绍兴酒。绍兴老酒浓，却浇不灭失意人心上的惆怅。

卞之琳方补了牙，酒后发牢骚道：“少年掉牙自己会长，中年脱牙没法长全，少年失恋容易补缺，中年失恋才真悲伤。”张充和的拒绝，于他实在是一处补不上的缺憾。

夏济安心有庆幸，庆幸自己平生只有单恋，是以不至于失恋。不似卞之琳，也不似年少时的自己。彼时他也怀着炽热，因爱上亲戚家的表妹，而常去串门。然而自己的靠近，换来的是对方的远离。对于李彦，他便怯于靠近。

“君家何处住，妾住在横塘。停船暂借问，或恐是同乡。”横塘女子的胆识，夏济安莫能比之。为此相思数月，尚不知她是何方人氏。这日他福至心灵，利用“职权之便”，以一个英语作文老师的身份，布下了《我的生活》这一作文题。

课堂之上，学生们人人伏案作文。夏济安终于能够把目光移向他的心中所指。但见李彦正奋笔疾书，她的座位有阳光斜斜落下，他便不经意般站立一旁，为她稍稍遮挡。看着自己的影子，落在她身上，那般亲密，无言的忧伤霎时化作无限的满足。

李彦的这一次作文，被夏济安原原本本抄录于日记。他终于知道，她一九二六年生人，比之自己，不过年少十岁；知道她是湖南人氏，两年前日军袭击，学校陷落，尔后流落昆明，就读于西南联大。

夏济安得意于自己的企图“得逞”，三月六日，再一次作文课上，他布置了《一场难忘的电影》一题。见李彦写的是《绿窗艳影》，夏济安大为懊恼，此片上周刚放映了，而他偏偏错过。

隔天，三月八日，夏济安终于做下一决断——

对于李彦，我今天许一誓愿，如果后天星期早场是映《绿窗艳影》，我决定照原定去信一试；如果早场不是演那张片子，表示她所喜欢的东西，偏偏给我错过，我们两人之缘悭，也可想而知，我也不欲尝试了。(后天不演，下一两星期演，仍当它是演的。)

他把数月里不能决断的难题当作一枚骰子，掷了出去，祈求如愿。然而上天不屑于助长以小博大的赌徒心理，第二天晨起，广告牌上赫然写着明天将上映的乃《在落基山脉的春天》，令这个宿命论者黯然神伤。

夏济安一时进退维谷，进为难，退则不甘。只能在日记里默写着“她的学号是三四三四五”，又在一旁画了重点符号。听说一教授购得了一本《绿窗艳影》，便托言愿以三千元挖购。但愿没有她的课，不教自己更为煎熬，却又盼着见她一面。

李彦似乎知晓他心中所想一般，下一课时果真未来。但下课时，他在路旁看到了她，她“穿了很旧的青布旗袍，可是这毫不灭我的爱”。

是啊，他的爱丝毫不灭，不论他如何克制，不论她的旗袍是新是旧。

还是给她写一封信吧，写下那封酝酿已久的信，不问结果，只要她知晓自己的痴心。夏济安想。

他打算在四月十七日作文课结束后将信送出，然而，李彦出席了一次课后，再未来上课。他不禁揣测，她是否察觉了他的心意，而避而远之？

直至最后几个课时过去，“H组作文结束。倔强的她，还是不来，我拿她没有办法。所缺的一次作文，恐也不会交来了。她竟有这点决心！”

四月二十二日，门被敲响，夏济安开门见到的竟是自己朝思暮想的人。她笑意盈盈，携着一同伴，道是来补交作文。原来，她竟生了三个礼拜的病。

此番，他的误会不但解开了，竟难得与她叙了十多分钟的话，夏济安“没世难忘”。

“她走时我送了她一本我就是为了她才挖来的《绿窗艳影》。”

确认她并非讨厌自己，夏济安欣喜地拾起了搁置了的信，决定四月二十七日大考那天，把信附在她补交的作文里一起给她。

四月二十六日，夏济安去理了发，花一千二百元。

四月二十七日，夏济安写了一天信，长达七千字以上。

上天却总不愿成人之美，夏济安以为的开始，竟是他们的结束。

那天，他们没有约定见面的时刻，那天，他第一次赴女子的约，天暗方敢出门，而她已等候良久，他只想紧紧抓住这一次共处的机会，而她尚有功课在身。最终，他的奢求变成了自私，唐突了她，教她生了气。

写信无回、登门不见，又值战争结束学校回迁时，他的悔恨仍不能得到消解。

五月十一日，临走前他给她留了一些书并一封信。结尾写道——

夜深了，外面在刮风，似乎还在下雨，窗外黑漆漆的。再有四个钟头，我要离开靛花巷，一个人摸索到航空公司去。再有六个钟头，我就要离开昆明。后会有期，愿各自珍重。

此后，夏济安是否在北平与李彦相见，日记再无记载。他们的故事，或说他的故事，像一部戛然而止的电影，惨白的幕布里，并没有一句“未完待续”的安慰之语。

一九六五年，夏济安在纽约去世。其弟夏志清前往料理后事，检点遗物，其中珍贵者要数这本一九四六年元月至九月的日记。

日记扉页，夏济安录了憨山德清一首诗：“世界光如水月，身心皎若琉璃。但见冰消涧底，不知春上花枝。”下方贴着一张“学生选习学程单”，填写者正是李彦。

夏志清想起后来《绿窗艳影》在北平上映，夏济安一定要拉他去看。时隔多年，他才知道夏济安是要了却一桩夙愿。他记得，“那天看了电影，济安真的特别开心”。

李彦之于夏济安，始终是仰头企望处，一抹窗中的倩影，日夜萦绕心头，而莫能触碰。

有人爱得坦坦荡荡，有人爱得掖掖藏藏，有人求得厮守天长，有人落得遗憾收场，夏济安自知，自己是“一个爱得不够聪明却爱得很深的人”。相思自苦日久，等来涧底冰消，却等不来春上花枝。或许，春意曾上枝头，不过春花萌动之时，寒风骤至，春意倏忽远去。

杨苡：她的人生就是时代本身

✽荞麦青青

我虽是个平凡的人，却也有许许多多的人可念，许许多多的故事想说。

1848 年，30 岁的英国天才女作家——艾米莉·勃朗特——离世。她的一生只创作过一部小说《呼啸山庄》，这部唯一的小说却成了旷世奇作。

1955 年，中国著名翻译家杨苡将其译成中文。

“那晚风雨飘摇，大风呼啸而过，雨点打在玻璃窗上，宛若凯瑟琳的哭泣，觉得自己正住在约克郡旷野的那所古宅子里，不自觉地念着 Wuthering Heights，灵感从天而降！”

于是，杨苡兴奋地写下“呼啸山庄”四个大字。后来国内出版的这部小说皆以“呼啸山庄”为通用译名，杨苡的译本至今仍被许多读者视作不朽的经典。

2023 年 1 月 27 日晚，103 岁的杨苡也走完了她风雨交加的一生。

她见证了中国的百年历史风云，正如她口述自传封面上的那句话所说：“时代不是她的人生背景，她的人生就是时代本身。”

迷惘中的少女

2021 年 5 月 8 日，纪录片《九零后》在昆明举行了首映礼。

之所以将这部讲述西南联大故事的纪录片称为“九零后”，是因为导演徐蓓所采访的对象——杨振宁、许渊冲、潘际銮、杨苡等16位专家学者的平均年龄都在96岁以上，他们是一群曾于战火纷飞中矢志报国的进步青年。

徐蓓在采访杨苡时，她正抱着一个小小的音乐播放器，聚精会神地听着这首发行于

1939年的奥斯卡获奖影片《翠堤春晓》中的插曲。

“这是我的小快乐！你要不要一起听一下呀？”

白发苍然的她仍像个少女一般，跟徐蓓打招呼。

徐蓓当即决定临时加拍一场：杨苡静静坐着，背景音乐反复播放着这首歌。后来*One Day When We Were Young*也成了《九零后》的英文名。

就在这样温馨怀旧的曼妙轻歌中，杨苡回忆了她在西南联大的往事。

她说：“人的一生不知要遇到多少人与事，到了我这个岁数，经历过军阀混战、抗日战争、解放战争，以及新中国成立之后发生的种种，我虽是个平凡的人，却也有许许多多的人可念，许许多多的故事想说。”

1919年，杨苡出生于天津的一个书香门第。

她的祖辈有四位曾在晚清时考上了翰林。父亲杨毓璋毕业于早稻田大学，回国后先后担任沈阳电话电报局董事、天津中国银行首任行长。

同龄人羡慕她优越的成长环境，可是杨苡却觉得自己“命不好”。

之所以有这样命途多舛的感受，是因为父亲在她刚出生2个月后就去世了。加之杨氏家族虽是名门望族，但脱胎于封建社会的余荫，避免不了带着旧王朝的陈规陋习。

她清楚地记得，父亲去世后，母亲作为家里的二姨太，曾被姑妈要求殉节。

好在母亲很有主见，不是那种唯命是从的封建女性：“我干吗死？我有3个孩子，我得把他们带大。老爷跟我说过，一定要把3个孩子抚育成人，对国家有贡献。”

母亲没有食言，她将儿子杨宪益送去了英国留学，大女儿杨敏如就读于名校燕京大学。

后来，杨宪益和妻子戴乃迭英译了百余种名著，被誉为“翻译了整个中国的人”。杨敏如师从顾随，成为著名的古典文学研究专家。

对于小女儿杨苡，母亲更是悉心教导。

1935年，杨苡16岁。“一二·九”运动爆发时，杨苡就读的天津中西女校的学生纷纷上街游行。

但念及杨苡是贵族小姐，更出于对她的保护，家人不同意她去参与。

那时，她最爱的哥哥和姐姐都不在身边，闷闷不乐的杨苡只能独坐家中，闲来无事时，她翻看了巴金的《家》。

那时的巴金，因为“激流三部曲”（《家》《春》《秋》）、“爱情三部曲”（《雾》《雨》《电》）深受青年学生的追捧。

在读完巴金堪称人生启蒙的作品后，杨苡觉得自己就是“觉慧”，小说里的高家和她生活的杨家如出一辙。

激动之余，她致信巴金。

当巴金读到杨苡从天津寄来的信时，顿时热泪盈眶：“先生，你也是陷在同样的命运里了。”

从晚清走来的巴金，不仅经历了时代的变迁，更被家庭的牢笼所囚困。他没有想到，一个正在求学的女学生会和他有着同样的际遇和感受。

但他在信中劝这个迷惘的小姑娘，你要懂得向前看，多读书，相信未来。未来总是美丽的。

此后，两人开始了书信往来。巴金也成为杨苡在文学上和人生中的引路人。

西南联大的岁月

1937年，杨苡被保送到南开大学中文系，不久，“七七事变”爆发，天津沦陷。

民族危亡之际，偌大的华北，“竟容不

下一张安静的书桌”，在战争的阴云下，清华与北大、南开共同组成了临时大学，后来迁至昆明，这就是创造了中国教育史奇迹的“西南联大”。

当时还没来得及入学南开的杨苡，便匆忙开始了她在西南联大的艰难岁月。

她和流亡学生从天津经上海、香港等地一路辗转至昆明。途中，在轮船和闷罐车上，她们一路高唱着歌曲《松花江上》。

到了昆明后，有相对安宁的读书时光，但也经常遭遇敌人的飞机在天上盘旋的情形：轰炸声、爆破声、大火焚烧声、墙倒屋塌声、大人孩子的哭喊声，交织成战争的场景。

但当杨苡回忆往事，她讲起的却是无人留意的细节：“热水瓶倒在地下，奇的是碗里煮好的鸡蛋倒没翻出来，居然不偏不倚好好坐在地上。”

战争年代的西南联大，诞生了中国现代历史上的很多巨擘，群星闪耀，日月争辉。穿梭在大师中间，杨苡贪婪地汲取着一切知识和精神上的养分。

沈从文先生当时和杨苡住在一个院子里，他很欣赏这位富家千金放弃优渥生活、决然出走的勇气。晚上，如果杨苡家早一点关灯，第二天清晨，沈从文就会提醒她：

“杨小姐，要读书，要用功点。”

此外，沈从文还劝杨苡改系：“你还是进外文系的好，你已学了10年英文，那些线装书会把你捆住。”

沈从文借给她很多译过来的书，说将来你也能做翻译。

就这样，杨苡改上了外文系。

大二那年暑假，杨苡与学长赵瑞蕻结婚。

在她的回忆里，赵瑞蕻是一个丰富而生动的形象：“这是一个如此热爱生活的人；一个从小迷上了《爱的教育》并想为之奋斗一生的理想主义者；一个被朋友戏称为‘不食人间烟火’的、不谙人情世故的幻想家；一个进了课堂便滔滔不绝，愿为年轻人倾泻他所有知识的好老师；又是一个不问书价多少，进了书店便被堆满了书的书架牢牢地吸住的书痴！”

生下大女儿后，她应在重庆避难的母亲要求，到重庆中央大学借读。

1942年6月，巴金写信鼓励杨苡：“人不该单靠情感生活，女人自然也不是例外。把精神一半寄托在工作上，让生命的花开在事业上面，也是美丽的。”

一次，在中央大学的图书馆，她读到一本叫 *Wuthering Heights* 的书，这才惊讶地发现，这本书正是她少女时代看过的《魂归离恨天》的原著。

爱妒交缠的故事再次打动了她，当时，赵瑞蕻正在翻译司汤达的《红与黑》，受他影响，她也动了翻译的念头。

1943年底，巴金在给杨苡的信中也提及了翻译一事：

你有空，我还是劝你好好翻译一本书，海明威的也好，别的也好，不要急，一星期译几百、几千字都行，再长的书也有译完的时候，慢是好的，唯其慢才可细心去了解，去传达原意。

独步译坛的经典

1946年，杨苡一家迁到南京，她进入了国立编译馆，在哥哥杨宪益的翻译委员会工作。

1950年代初，巴金看了杨苡翻译的苏联短篇小说集《俄罗斯性格》后曾说：“我觉得你译得有点草率，你本来可以译得更好一点。”

从那时起，杨苡“下决心让我的译文或译诗必须为读者着想，要经得起行家对照原文推敲”。

1953 年，赵瑞蕻到德国做访问教授，杨苡独自带着孩子住在一处破败的房子里，窗外荒草萋萋。

她再一次想起巴金先生的叮嘱，于是开始翻译《咆哮山庄》。“咆哮”的表达来源于梁实秋的译本。杨苡看到后直言“滑稽”，毕竟没有人会把自己住的房子称作“咆哮”。

杨宪益听后，将了妹妹一军：“有本事你来译！”

哥哥一向是她最崇拜的人，有了他的激励，更让杨苡踌躇满志。

在一个风狂雨骤的夜晚，杨苡听到雨点拍窗声，于是将 *Wuthering Heights* 译为《呼啸山庄》，无论从音译还是意译的角度，都堪称完美。

有了惊艳的书名后，杨苡激动地告诉了巴金。巴金回信说：“你要译 W.H.，我很高兴，这书你译出后，一定要寄给我看。你可以驾驭中国文字，你的译笔不会差。”

两年后，《呼啸山庄》出版，艾米莉·勃朗特的这部传世佳作从此走进国人的视野。

杨苡翻译的《呼啸山庄》流传至今，独步译坛，被誉为“不可撼动的经典译本”，受到无数读者的喜爱。

然而，这本书直到 1980 年才由江苏人民出版社重新出版。

那一年，她已 61 岁。

在“文革”期间，屡次被审查，多年“靠边站”的杨苡，一度以为《呼啸山庄》就此湮灭，再无人造访。

她还记得哥哥杨宪益翻译的书，曾被七零八落地丢在院子里。

对方不但将墨汁泼在了他干净的白衬衫上，还要杨宪益亲手烧毁自己秉烛熬夜译完的书籍。

而她的泣血之作，因为“宣扬‘爱情至上’”也没能幸免——被抹黑成为一本“禁书”。

人人自危下，人人自保。

可杨苡还是在惨遭批斗的情况下，保住了她与巴金先生仅存的 20 余封通信。

1987 年，她将 1939 年至 1985 年自己和巴金的通信进行了编注和整理，后来就有了《雪泥集》的问世。

那时的巴金已 83 岁，他看到了杨苡的《雪泥集》，不禁感叹：“想想写《雪泥集》那些信函的日子真像在做梦！”

杨苡一直记得 1997 年 11 月 22 日，最后一次见巴金先生时的情景：“那天我去华东医院看望他，临别的时候，巴金握着我的手十分吃力地说了两个字‘多写’，他的手很温暖。”

2005 年，巴金先生去世。带着恩师的叮咛，年事已高的她每天深夜才休息：“因为舍不得，要看书。”

8 年后，已 94 岁的杨苡用感恩的文字，写了她和巴金的故事，以一本《青春者忆》献给巴金先生一个“好长好长的梦”。

她始终牢记着巴金让她多写的规训，更深受他“说真话”精神的影响。一辈子于大风大浪中穿行，她却始终保持着一代知识分子卓然而立的风骨。

天真的赤子

退休后的杨苡仍然以一颗天真未泯的心过着自己的晚年生活。

她于古稀之年，翻译完成了英国诗人布莱克的《天真与经验之歌》。

1998 年，杨苡与他人合译完成《我赤裸裸地来——罗丹的故事》：“这真是一种奇妙的文字游戏，它使你夜不能眠，但最后你尝到它的甜味。”

对笔下的每一个字，杨苡都一丝不苟，

这位对生活、对他人要求不多的老人，将最大的“苛责”用在了创作上，用她的话讲，就是文章写出来要“摆一摆”，放上几天，再反复修改好几遍，直到满意为止。

在她看来，“当我能将心里的话痛痛快快变成纸上的文字时，这可能意味着我没有白白浪费掉生命”。

但年岁愈深，便愈会面临一个残酷的事实：知交零落，亲人渐故。于时间无涯的荒径之上，她成了一个踽踽独行者。

1999年2月15日，相濡以沫了一生的丈夫赵瑞蕻去世。

杨苡说：“如果人死后还有灵魂，这个84岁的老人已经得到了最后的快乐和满足，因为他毕竟走完了我们这一代知识分子苦难的历程：磕磕碰碰，跌跌撞撞，战争与和平，表扬和批判……有欢乐也有痛苦，从20世纪初到20世纪末都是一言难尽的。”

遍尝人生百味，所幸，她始终热爱创作。

一次骨折住院后，手术一结束，她就在病榻上摊开稿纸，“开刀打进身体的那只钢钉价值8000元，就相当于一颗钻石戒”，出院时，她已完成了《命中无钻石》。

那年，她84岁。

杨苡88岁时，有好友提议为她过寿，她予以坚拒，她始终都不爱过生日：“没意思的事，有人非要做寿，很在乎，我就不做，这也叫一种玩法。”

生前，她一直住在装修老旧的房子里，在玩偶的陪伴下，在书籍和文字中，她没有对衰老的感伤，没有对死亡的恐惧，始终活得饶有兴致。

杨苡每天大量阅读，客厅俨然是一个微型图书馆，大大小小的书柜无一空余。

她喜欢看书看报，也喜欢看电影。有时候杨苡会与在北京的女儿预约，在相同的时间看同一部电影。

在女儿眼里，“妈妈眼睛里饱含着孩童般的好奇、天真、志趣，和独立自强带来的自信”。

只要有新奇想法乍现，她就指挥保姆重新摆放书籍、照片、布娃娃，她的口头禅是“好玩哎”。

有客人来访时，她仍然会像小女生那样描眉毛，涂口红，眼神清澈，美意不倦。

面对慕名前来的年轻人，面对他们的困惑与迷茫，这位饱经忧患的老人会引用《基度山伯爵》中的话：“人类的全部智慧，就包含在这两个词中，等待和希望。”

在她家的墙上，挂着20世纪90年代初，她让好友俞律挥毫留下的两行鲁迅的诗句：“岂有豪情似旧时，花开花落两由之。”

百年时光，呼啸而过，她达观依然，一如1940年她留在昆明西南联大莲花池畔的诗句：“我爱日月，晨之晴朗，夜之朦胧，更爱看一场雨后出现的彩虹！”

但有时，她会在凌晨醒来，是因为梦到了年少之事，于是披衣坐起，听听老歌，她很喜欢听那首*I Went To Your Wedding*。

她将哥哥杨宪益的照片摆放在客厅最显眼的位置。为了纪念他，2015年，96岁的杨苡携小女儿赵蘅主编了《纪念杨宪益先生诞辰百年丛书》，卷帙浩繁，被称为“20世纪中国知识分子历史画卷中的独特一页”。

百岁时，杨苡荣获第七届南京文学艺术奖“终身成就奖”。

“我想我这一生如同浸透了浓郁的果汁，确是不虚此生，果实累累。”

《浮生六记》里讲：“情深不寿，寿则多辱”。

她却曾说，活着就是胜利。

如今，弦歌断，风流绝，一个世纪的传奇于斯落幕。

戏梦回首
胡琴伊呀渔光寂，
一曲满庭芳

李相夷的骄傲和李莲花的气度

✽周景

总有一种人，哪怕自己遍体鳞伤，危在旦夕，却依然能胸怀天下，心甘情愿地做这些傻事。

一

前两年，我有幸读过原著《吉祥纹莲花楼》，还专门买了一套原著收藏，挺喜欢这个故事。好在电视剧拍得不错，没让人失望。

主人公李相夷，出道即巅峰。十八岁，登顶天下第一，风姿卓绝，无与伦比。

快速登顶的人生，优点是会成为无数人的榜样。当然，缺点也很明显，会成为无数人的靶子。李相夷的人生悲剧，看上去是因为“天下第一奇毒”碧茶之毒，背后实际上是葬送于持续不断的暗箭难防。

别人想害你，不是因为你做错了什么，而是因为你的优秀挡住了他人的光芒。

江湖之大，容得下无数默默无闻的李莲花；江湖之小，容不下一个惊才绝艳的李相夷。世事无常，人心难测，就是这么不讲道理。

李相夷的第一个人生阶段，是急速上升的，如流星一般耀眼。李相夷的骄傲，响彻十年前的武林。

二

好在李相夷没有死。

后来，走入众人视野的是李莲花，和他身后那个看上去很另类的莲花楼。

在重生的这十年间，以李莲花形象示人的李相夷，走入了人生的第二个阶段。岁月静好的平凡生活，才是人生的真正归宿。

曾经号令武林的四顾门门主令牌，只能被李莲花在小镇当铺换回五十两银子。过去从来不知烧火做饭为何物的英雄人物，也会因为在菜园里种出萝卜而感到无比欣喜。

平凡的可贵不在于平凡本身，而在于经历很多事情之后的内心宁静。

这第二个人生阶段，平平常常，默默无闻，却有“采菊东篱下，悠然见南山”的宁静和快乐。李莲花的放下，成就了十年后的自己。

三

可惜的是，平静的日子总是容易被打破。

当危机出现的时候，英雄会被召唤，热血会被激活，被使命驱使着的英雄再次归来，燃烧自己，保护世人。

十年后，李莲花开始参与查案，在遇到方多病以后，重新踏足江湖事务。

虽然李莲花小心翼翼地守护着自己的隐藏身份，但最终还是无法遮掩本来面目。在多次历险、保护身边人的过程中，不得不一次次露出马脚，从遮遮掩掩，蒙面救人的白衣大侠，到为了救方多病不得已使出成名绝技，最终将李相夷的身份彻底暴露在众人面前。

随后的日子里，李莲花消耗掉了为数不多的残存功力，自己所剩的时光已然不多。

李莲花经常做的事情有两种：第一种是默默付出，帮别人解决麻烦；第二种是悄悄离开，不给别人添麻烦。

哪怕是面对十年前给他下毒的旧下属，也特意以门主李相夷的身份归来，当众帮他说情，给他重新做人的机会。

哪怕是面对一直放不下心结的乔婉娩，李莲花也坦陈心迹，循循善诱，帮助她放下青梅竹马的情谊和挂念，重新面对人生。

哪怕是自己时日不多，准备悄悄离开，找个没人的地方安静地等候死亡，却被让爱情冲昏头脑的部下肖紫衿拦住，试图决一死战时，李莲花也依然为别人考虑。为了不给对方带来麻烦和误解，他宁愿自断佩剑，跳下高崖。

就这样孑然一身，曾经悄悄地回来，现在又轻轻地离开。当年的李相夷，骄傲得让人不可目视；当下的李莲花，宽容得让人心疼不已。

江湖中有这样的人物，着实令人向往。

四

人，始终都是活在关系里。

李相夷总是活在江湖的中心，锋芒毕露。李莲花希望活在江湖的边缘，与世无争。

李相夷说过的话，做过的事，随时都可能成为武林的头条话题。可惜的是，有的人想离开他，很多人想打败他，更多人想消灭他。他的存在，让身边的人感觉到压抑，尽管这些压抑并不是李相夷给的，而是来自那些人扭曲的内心。

相比背负着太多使命的李相夷，李莲花只想关心他的“狐狸精”（一只可爱的狗），以及菜园里的萝卜们。

论起朋友，李莲花有方多病就足够了。如果加上一个的话，算上笛飞声。如果必须再多一个，可以是苏小慵。人这一生，能有一个惺惺相惜的朋友，有一个值得尊敬的对手，有一个随时支持你的知己，就不枉此生了。

江湖有千斤，一个大侠担八百。

纵使李相夷少年天才，武道巅峰，名动江湖，如果可以选择，我也希望他只是李莲花。可惜的是，他不仅仅是李莲花。

五

什么是有意义的人生?

不论是苦练武艺，追求巅峰，成为耀眼而骄傲的李相夷，还是隐于市井，养花种菜，做平凡而有气度的李莲花，都有各自的意义。

但有一种人，哪怕自己遍体鳞伤，却依然能胸怀天下，哪怕自己危在旦夕，却依然想着为他人贡献最后一份力量。

也许别人说他傻，但他是心甘情愿地做这些傻事。偌大的江湖，因为这些傻人傻事，变得格外有温度，有魅力。

这些人也许不在了，但江湖始终有他们的传说。

浣碧之死的残忍隐喻

✽阿瑞

浣碧之死，代表着甄嬛对逝去爱情的一点点期待彻底湮灭。

摘自公众号“阿瑞的书影笔记”

“浣碧不唤婢，流朱留不住”，这是“甄学家们”对甄嬛这两个侍女的一句调侃。

但这两个侍女最终都去了，一个在甄嬛误穿纯元故衣之后，一个在果郡王身死之后。

从某种程度上说，她们两个都是甄嬛爱情之丧的陪葬品，只不过流朱之死反衬的是甄嬛与四郎的爱情，浣碧之死则代表了甄嬛与允礼的爱情。

很多时候，主角表达情感都不是通过自己的嘴说出来的，而是需要身边的人物表达出来的。

流朱本人的性格也是那种大大咧咧、开朗活泼的，她忠于甄嬛。所以，流朱陪伴甄嬛的时候，是甄嬛情窦初开，与皇上在杏花微雨下初遇的时候，那是一种很纯真、很美丽的情感。

而浣碧不一样，浣碧是有私心的，她忠于甄嬛，但是更忠于自己。甄嬛和果郡王是在甘露寺相爱，是浣碧陪着她一起的，那是她们共同品尝到人生的苦后，一起收获到爱情的一点点甘甜的样子。

所以，浣碧曾阻止过甄嬛和果郡王在一起，她说：“就算小姐对王爷没有心思，但王爷对小姐就没有心思吗？有些事情，咱们还是应当早点留心才是，咱们经不起了，是不是？”

但是，当浣碧看到甄嬛和果郡王两情相悦、各自折磨的时候，在那个雨夜，是她把伞递给了甄嬛，让她去跟果郡王相会。然后她黯然地对自己说：“小姐终于出去了。”

浣碧内心世界的挣扎，就是甄嬛内心世界的挣扎。

等到他们二人真的在一起了，浣碧也很矛盾，她会吃醋，会想着学习认字，因为她也真心喜欢王爷，但她更愿意成全王爷。

果郡王身死消息传来，温实初要照顾甄嬛的时候，浣碧崩溃地呵斥道：“你如何能把王爷的孩子当作自己的孩子？你如何能做到王爷能做到的事情？”

在那个时刻，浣碧是作为甄嬛的另一面存在的，她们是休戚与共的甄家姐妹。她们共同守护着爱情，也共同为了甄家在做着选择。

后来，果郡王归来，听闻熹妃要回宫，就着急地跑去甘露寺看望甄嬛，一下子抱住了果郡王的那个人是浣碧，却不是甄嬛了。因为，甄嬛已经没办法再奢望爱情了。

从甄嬛恢复身份的那一刻，她就只能放下允礼了。就连允礼生病，她也是让浣碧去看望的。

甄嬛说："你担心他的身子，去瞧瞧他吧，我做不到的事情，你去也好。总会多一个人安心。"

浣碧走了后又回头问她："小主有什么话需要奴婢带给王爷吗？"

甄嬛淡淡地说道："我没有别的话，你去吧！"

浣碧如愿嫁给果郡王时，甄嬛的内心也是很坦然的，因为她选择了成全。就像甄嬛能成全甄玉娆一样，她成全浣碧，也是为了成全自己的心。

浣碧婚前对她说："长姐，对不起，这个位置原本是你的，是我占了你的。"

甄嬛说："路是自己选的，就没有回头的余地了。在这宫里活下来太难了，我没有时间，也没有心思去后悔。"

她只能对自己这么说。

直到允礼身死，甄嬛才表露情绪，她崩溃大哭道："明天是他出殡的日子，我好想去送一送他……我爱了他一辈子，也辜负了他一辈子。连他现在为我而死，我都不能为他痛哭一场。"

是的，那个真正能为他哭，为他死，为他不顾一切的人，是浣碧。

再看浣碧撞棺的情节，浣碧先痛斥了皇上的行事不端，而后大声地哭道"王爷别丢下我"，就甘心赴死。

从这之后，甄嬛的屠龙计划就加速了不少。因为，浣碧之死代表了甄嬛对爱情的那一点点希望也幻灭了，那是甄嬛曾经想过的，死也要和允礼死在一起的复杂情感。

之前听闻流朱死的时候，甄嬛先是怔住了，而后瞬间就崩溃大哭，用力捶打自己的双腿，整个人都是很痛彻心扉的那种，因为那是她最亲近之人的第一次离去。

而后来听闻浣碧身死，甄嬛就显得平静了很多，她只是一下子扯断了佛珠。她在努力地压抑情绪，但她的压抑只是表明恨意马上就要爆发了而已。

甄嬛回宫本就是为了家族，为了双生子，为了允礼，但是回宫之后，她再次面临重重危机，还逐渐失去了很多亲人。比如眉庄，比如温实初（虽然温实初还在，但是因为眉庄去世，他的心也死了），现在她又失去了浣碧。这种失去简直太让甄嬛绝望了。

有句话说得好：时光，让故人变得有价值。

还记得甄嬛刚回宫后，曾和温实初有过一次对话，她说："这些年多少故人都去了，幸好还有你们在身边。"

温实初说："是啊，幸好要紧的故人都还在。"

支撑甄嬛回宫走下去的，除了她自己，一定还有她的那些故人们吧。但是，到了最后，这些故人都一个个地离她而去。

而浣碧之死，代表着甄嬛对逝去爱情的一点点期待彻底湮灭，也代表了甄嬛此后，会彻底变成一个没有感情的空壳子。

哪怕她赢得了天下，但也失去了人性里最美好的善良与纯真，失去了最难能可贵的友情，失去了对下层人的怜悯之心，失去了刻骨铭心的爱情……命运剥夺了她作为一个人的所有情感。

也许，这才是人性对甄嬛最残忍的地方吧。

你知道“兰因絮果”这个词吗？我少时读到只觉得惋惜，如今却明白了，花开花落自有时。

比“兰因絮果”更悲的，是《墙头马上》的真实

✿阿厘

摘自公众号『阿瑞的书影笔记』

一

相比于《甄嬛传》，在很长一段时间里，我都在反复刷《如懿传》。当我真正融入了青樱复杂的情感后，心中的感触与悲伤久久不能平息。

青樱倔强、果敢、痴情、爱得深沉，到死的那一刻，她都在怀念曾经的青樱和弘历，奈何他们终究还是从年少情深走到了相看两厌的局面。

“墙头马上遥相顾，一见知君即断肠”，一曲《墙头马上》拉开了整个故事的序幕，也是青樱和弘历爱情的开始。

“但愿皇上，不要让臣妾做了李千金。”这是青樱刚当娴妃时，对弘历说的话。

李千金是谁？是“元曲四大家”之一的白朴创作的杂剧——《墙头马上》里的女主人公，而故事的男主人公，是裴少俊。裴少俊是裴行俭之子，代父奉皇帝之命去洛阳置办花木，而李千金的父亲李世杰因得罪武则天被贬为洛阳总管。

一日，裴少俊经过李家花园，看到李千金倚墙而立，便写了一首诗投了进去，李千金一见钟情，也以诗回赠，约其见面。不料，两人的私会被乳娘撞到，裴少俊吓坏了，连忙向乳娘求情并立誓：功成名就后，定带着李千金回来见父母。乳娘心慈，便放他们走了。

于是，就有了李千金跟着裴少俊私奔的故事。

二

在那个年代，未婚男女无媒妁之言、父母之命便私奔是很不好的举动。

裴少俊带着李千金离开了洛阳，将其藏在府中后花园里，七年间，两人就生下了两个孩子。

七年后，裴少俊外出办事，裴行俭身体不适来到花园散步，意外发现了李千金和两个孩子。盘问之后，裴父大骂李千金是淫妇，并夺走孩子，让裴少俊写一纸休书将李千金赶走。

李千金悲痛欲绝，而裴少俊却软弱无能，不敢反对父亲的决定，只得休妻。走投无路之下，李千金只能拖着狼狈的身躯回了洛阳。而当她回家后，才得知父母已经去世了，李千金深感痛心，身着丧衣，为父母守孝。

后来裴少俊考上状元，封官洛阳，念着当初的承诺，重新找到李千金，想与她复合。但李千金怨恨他休妻，执意不从，最后在孩子们的央求下，二人还是复合了。

可是，在世人眼中私奔的“淫妇”，怎能做得了正妻？李千金忍着耻辱回来却只能做妾，她的一双儿女也只能是妾室所出，她一生的情意便这样断送了。

青樱又何尝不是呢？

她是出身于大族乌拉那拉氏的嫡女，却因为自己的姑母和一腔的情意甘愿做了侧福晋，最后如李千金般破镜难重圆。

“朕只有裴少俊的钟情，没有他的软弱寡情。”这是当初弘历对青樱的承诺。

不可否认，弘历最初是真的心悦青樱，为娶她做嫡福晋甚至敢于跟雍正求情，但最后终究是“眼前人已非彼时人，两两相望，唯余失望”了。

私下和朋友讨论过为什么弘历最后会变心。我觉得，可能弘历并没有变心，青樱对他来说还是重要的。

但或许年少的情意早已变了，弘历厌烦于青樱作为皇后对他的约束和规劝，而青樱在皇帝一次次的猜疑和多情中，心也渐渐冷了下来。

于是便有了断发的那一幕经典剧情：

“与其看你如此疯魔，不如朕废了你！”

“臣妾和皇上曾经结发为夫妻，如今臣妾断发为祭，给去了的青樱和弘历。”

皇上不只有裴少俊的钟情，还有他的寡情。

古人成婚结发为夫妻，只愿白头到老，生死不离，这也是如懿年少的心愿。她并不看重后位，从始至终只在意皇帝与她的情分，当这最后一丝情分也消逝了的时候，青樱和弘历早已停在了过去。

“士之耽兮，犹可说也；女之耽兮，不可说也。”或许正如古人所说，男子在爱情这方面比女子更容易走出来。

所以如懿始终不忘曾经青葱岁月里那个与她一起听《墙头马上》的少年郎；弘历也只是怀念曾经天真烂漫的青樱，却遗忘了他们并肩走过的时光。

从古至今，男子背弃爱情的例子似乎要更多一些：譬如司马相如负了卓文君，卓文君一首《白头吟》“愿得一心人，白头不相离”，说尽了心酸；陈世美负了秦香莲；徐志摩负了张幼仪……

令我感到可笑与愤恨的是，女子负

心便被世人唾弃为“不守妇道”“放荡”，男子负心却被称为“风流才子”“多情文人”“自古才子多风流”；女子成为“贞洁碑”的牺牲物，而弘历更是被后人认为是多情皇帝，但谁又曾想过这“多情”的背后，葬送了多少“青樱”呢？

有的网友评论说凌云彻看如懿的眼神实在算不上清白，而如懿为了别的男子和皇帝离心也确实不值得。

我更认为他们是莫逆之交。如懿在冷宫遇蛇、走水、没有新鲜吃食，在她最危难、落魄的时候，是凌云彻一次次救了她。尽管他是受皇帝嘱托，但这也是她在冷宫生活里唯一的一丝温暖。而凌云彻在被魏嬿婉两次抛弃之下，也是如懿将他从冷宫里拉了出来，给他体面的差事，给予鼓励。在如懿遇刺时，凌云彻不顾性命挺身而出；凌云彻被贬时，也是如懿为他力陈冤情。

或许两人到了最后，更多的是怜惜之情，但弘历生性多疑的性子也使得这莫逆之交变为不堪的过往。他嘲讽侮辱如懿，收回皇后册宝，将受刑后的凌云彻“送”给如懿羞辱她，宠幸一个又一个新的妃子，留如懿岁岁年年幽禁深宫……

年少情深，最终却走到了相看两厌。

到了后面，如懿唤住皇帝，站在已经枯了的绿梅前，缓慢而平静地说：“皇上，你知道‘兰因絮果’这个词吗？我少时读到只觉得惋惜，如今却明白了，花开花落自有时。”

这四个字是说，男女姻缘，初时美好，最终离散。

皇帝黯然地放下手里的字画，动身去了木兰围场，他满怀期望，以为自己回来后，如懿可以收下皇后册宝。

怎料一句“兰因絮果”，竟成了两人的诀别。

是啊，如懿不是李千金，她不会忍辱负重，接受道歉；而李千金却在被逼无奈之下才重新回归家庭，她并没有选择的权利。所以，《墙头马上》的结局虽然圆满，却让人更觉得伤心、难过。

《如懿传》的最后，如懿安静地坐在椅子上，永远地睡着了，那样安静、祥和，仿佛这一切都不曾发生过。

皇帝命人抹去了关于如懿的一切痕迹，却在白鬓横生时紧紧握着如懿的青丝离去。

“太上皇，太上皇，绿梅发芽了！”

但弘历紧闭的双眼再也看不到了。

曾看过一句话：“人本不是长情的动物，我是在违背我的天性去爱你。”我是相信这句话的。

这世界几十亿人，永远有比你的伴侣更漂亮、更优秀、更有趣的人，关键在于你如何选择。你选择了忠诚，那便是选择了爱情。

因为当你选择了新鲜感，它终究会被别的新鲜感所打败，正如“你不会永远十八岁，但永远有人十八岁”这句话，这世上最不缺的就是新鲜感。

所以，我亲爱的朋友，希望你能拥抱珍惜这世上最好的、最纯粹的、唯一的爱情，而不是当你白发苍苍回首往事，却什么美好回忆都想不到，只剩悔恨。

或许，苏杭的绿梅发了芽，青樱也和她的少年郎相遇了。

但是，他们都看不到了。

千载长安，一梦浮生

九歌

定心

年少成名、战功赫赫的小南辰王立誓一生效忠国家，守护江山。

因与清河崔氏之间的世族关系，他收下了从小便指婚给皇室子孙的崔时宜为徒弟，教她琴棋书画，心怀天下。

周生辰一生刀剑戎马，天纵风华。人间太平，江山安稳，是他毕生的愿望，而时宜，是他藏在心里无法说出口的牵挂。

故事的结局，周生辰一片赤诚正直，却难逃算计，蒙冤惨死。身与名，就此埋葬于历史的墓碑。而时宜也选择一袭嫁衣，红蝶翩跹，追随她在人间最后的牵挂。

再也没有来年春了。所有的人，都被留在了那个十二月的冬天。孟冬雪飞，纷纷扬扬，一片雪色，一片血色。

故事里娓娓道来的歌声，伴随着悲伤的底色，我们以第三视角注视着这个世界。

身份、地位、家族、责任，有些桎梏，一旦落下，就是解脱无期的一生。

太多的人在这里受过伤，流过血。有遗憾，有失望，也有过反抗，但到最后都是无能为力。

这是时代的宿命与悲剧。不甘心，却无法阻止，所以才会令人如此痛心。

无虞

古有一言：“四方无虞，予一人以宁。”若是四方安宁，太平无事，便是心安平宁，无悔无怨。

小南辰王周生辰，十三岁舍弃王姓，

一生驻守西州。十个徒弟追随他，穿云而下，寒甲长锋。他有家臣上千，手握七十万大军，可那一兵一卒都是他亲自征来，用一次次大胜招来。

大义、正义、忠义，那些年，周生辰给自己一生负上了使命：烽火照彻，山河万重，愿以戎马一生，护千古长安。

第一次分别的时候，周生辰对时宜承诺："从今以后，王军只有捷报。"

后来时宜说："师父习惯言而无信，说好的归期，总是不作数。但有一件事，他一直都做到了：一年年，王军只有捷报。"

北陈十三郡，唯有西州，无人敢犯。因为，西州有鸦青色的王旗，有小南辰王和南辰王军。

美人骨，世间罕见。然，有骨者，而未有皮；有皮者，而未有骨。小南辰王，是世间唯一一个骨相和皮相皆有的人。他下凡为王，身负传奇，他是人们心中的希望，是千里江山之下的一道光。

许多人都会问，要是周生辰知道在他死后的第四天，他护了十年的十一从他守了一辈子的城楼上跳了下去，他会不会后悔当时束手就擒，没有夺了这已是利欲熏心的天下？

可南辰王军，守护的从来不仅是北陈刘氏，他们守护的更是千万的百姓人家。

所以那一刻，明知已然是劫，周生辰无悔。

若是他走了，丢下年幼的皇帝，数十的朝臣会主动燃起战火，之后生灵难眠，百里狼烟，于他而言，便是丢掉了自己的本心，违背了自己心头的誓言。

之前看过一句话：一朵你很喜欢的花，只要你不摘它，它就会一直开，哪怕你知道你走之后它可能会被别人摘下，但你也不会忍心用自己的手去断送它。

在南萧渡江时，船家对周生辰叩拜，感激王军当年对他们的救助；王军出征时，百姓在城门一齐高呼"小南辰王"，以示崇敬与尊敬；在行刑之时，周生辰看到不远处他以命救下的臣子宗族，下跪愿意与他一同赴死。

过往、当下的种种，纷至沓来。

也许，明知不能救下所有人，明知这一步下去就是将死之人，周生辰还是会选择走过去。

情义、道义，是他这一生的铠甲，也是他这一生的软肋。

"辰此一生，不负天下，唯负十一。"

十一，就是他最后的、唯一的牵挂。

如故

"我有一个自少时喜欢的人，对任何人都没有讲过。他很好，没有比他更好的人了。"

在南萧，桓愈总说，周生辰和时宜的眉眼间有"情"。那是不必问，只一眼，便可看到的情。

世间千百情，人人皆不同。多年前，时宜只会背到"长眉连娟，微睇绵藐"，是周生辰让她懂得了"色授魂与，心愉于侧"。

藏书楼里没写完的半卷《上林赋》，雍城城楼下的拥抱，书院竹屋外的一夜听雨，来年春雁门关的许诺。

没有一句喜欢，没有一句爱，却早已

将彼此写入余生。

周生辰克制，时宜隐忍。

一个是高高在上的王，统领数十万兵马，不能随意在外透露出寻常人的一面；一个是北方望族的世家女，身负家族的兴衰，不能随意在外露出不合仪态的一面。

他们之间，有太多想说而不能说出口的话。一切都落在发乎情，而止乎礼。

时宜的母亲曾说，如果可以，希望时宜不要像她们。希望她不要被家族、被身份束缚。

可他们始终并非寻常人家。

离别的那天，时宜终于摸到了那名传天下的美人骨，感受那细微曲折中的一笔一画。她不明白，这骨头究竟有何特别，可以令皇室忌惮，可以令天下人传颂。

出嫁那天，许多人都以为，广陵王刘子行会是时宜一个很好的归宿。

但这座冰冷的皇城，时宜始终是不喜欢的。

她不是娇贵的金丝雀，一生都要被养在华丽的笼子里，而更像是一只向往自由的白鸽，喜欢无拘无束的蓝天，喜欢自天空中静看这繁华之下的山川草木，百里炊烟，浅浅勾勒这人间的水墨，绿槐高柳，云烟清风。

他们都在祝福，祝福时宜在这里过得如意。可那些如意与快乐，已被那一把归还的钥匙，封存在了西州王府，再也回不来了。

天色骤变的那一晚，时宜心有所感，难以入眠。

后来娘亲进宫，告诉她：三日前小南辰王谋反被俘，被赐剔骨之罪。刑罚整整三个时辰，他无一声哀号，至死不悔。

那白布上留下的十二字血书，是他留下的最后的陈述："辰此一生，不负天下，唯负十一。"

水淹匠州，朔州鏖战，六出岱州，那些过往战绩，都已被遗忘，所有人都只记得小南辰王一身美人骨。

可那又何尝不是一道枷锁。它让周生辰一生受到了世人的追随与遵从，却也困住了他，让他成了皇室中必须被拔出的心头刺。

一生守护江山的小南辰王，到死却被蒙上谋逆的罪名，无人可以归还清白。

天理昭昭，故人何在？薄葬入平阴，千载入黄沙。

时宜一生记忆最深的是在城楼上初见周生辰的那一霎。那是时宜一生都在追随的耀眼太阳。

所以她选择在周生辰守护一辈子的最后一道城墙上，结束一生。

这一跃，对于时宜而言，是解脱，是追随，更是完愿。

自此，时宜只是十一，不再是崔氏女，不再是帝王妻。

这个时代，这个红尘，早已不适合时宜和周生辰。他们在这里伤痕累累，苦痛难耐。也许离开这里，游走在尘世之外，对他们才是另一种更好的结局。

在看尽人世百转千回后，相信总会有一个时空，为他们续写上前世的未了遗憾，让他们顺遂如意，此生安然。

执子之手，一爱三生

✽阿颜

曾经的他们，许下了誓言，执子之手，与子偕老。谁能想到呢，那一约三年，却一爱三生，最后还是不得不相忘于江湖。

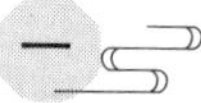

秦观的《鹊桥仙·纤云弄巧》里，“金风玉露一相逢，便胜却人间无数”这句词用来形容紫萱和徐长卿的三世虐恋，再合适不过。

两百年前的南诏国，来自长安玄道观的道士顾留芳，和初长成的苗疆少女紫萱，在灯会上初相逢。

只是在人群中多看了彼此一眼，从此情根深种，无法自拔。

顾留芳原本是应南诏国国王之邀，陪同师父来此采风，来苗疆只是短暂停留。他原本的打算是，参加论道会后，就会返回长安，接受师父的衣钵，正式出家。

他从未想到过，在苗疆，他遇到了自己人生中最美的意外，那就是爱情。

人生的无常和美好，就在于你永远不知道，下一刻，你会遇见什么。顾留芳计划得再好，他师父对他期望再高，也无法阻止他遇见爱情。

敢爱敢恨的紫萱，才不管顾留芳会不会出家，简单又直击红心，她知道自己喜欢顾留芳，想要嫁给他。

所以，她只问顾留芳喜不喜欢自己，如果喜欢，就不要出家。

于是，他们定下了三年

之约，三年以后，等她长大了，等她可以离开圣姑，等她可以走进长安，可以走近他的时候，她就在南山脚下等他，等他来娶她。

顾留芳离开后，紫萱开始学习《诗经》，学习汉字，没过多久便用汉字给他写信，两人开始鸿雁传书，互诉衷肠。

但是，两人的事情很快被他师父和师叔发现，为了阻止顾留芳继续沉沦，他们便谎称紫萱已经病逝，万念俱灰的顾留芳选择了出家，两人从此断了联系。

三年后，两人在当初他们约定好的南山脚下重逢。顾留芳回到玄道观，告知师父师叔他要还俗，却被师父关了起来。

紫萱放火引开了众人，两人逃出了玄道观，被随后追来的众人逼上了昆仑山。走投无路的两人，选择和传说中的女娲和伏羲一样，向上天祈愿。

但是传说终究只是传说，并不可信，两人并没有如传说中那样，得到上天的肯定。于是，两人紧紧握住对方的手，跳山殉情。

二

两人殉情后，顾留芳身死道消，行过了黄泉，走过了奈何桥，喝下了孟婆汤，前尘往事一笔勾销，投胎转世去了。

而紫萱，身为神族女娲后人，最大的使命是生下继承人，让血脉得以延续。所以圣姑召集了大地所有的圣灵，救回了紫萱。

但对紫萱来说，活着既是痛苦也是折磨，她忘不了顾留芳，自然不愿意和别人成亲。

爱情是她的执着，等待是她的宿命。她选择了等待，等待顾留芳的转世，等待着他们可以再续前缘。

日复一日，年复一年，痛苦和绝望相互叠加，她便日日买醉，放纵自己，如此过去了一百年。

一百年前的长安，转世的林业平成为玄道观的掌教，一心向道。紫萱终于等到了林业平，他们在玄道观外初相逢。

可紫萱不知道，正是因为她对前世的念念不忘，才为今生他们的相守埋下了巨大的隐患。

紫萱一无所知，依旧夜夜买醉，每日流连于酒馆中，不愿归家，也不肯安生过日子。

林业平受妇人们所托，前来酒馆规劝紫萱，却从此沦陷。其实早在他初遇紫萱时，他的心便沦陷了。

他不懂紫萱为何要买醉的苦楚，无法规劝，又不忍心，最终说出了自己的心声。他决定还俗，如她所愿，娶她为妻。

可在新婚之夜，梦中的紫萱叫着的却是另一个男人的名字，这对顶着巨大压力和流言蜚语娶紫萱的林业平来说，是多么沉重的打击。

紫萱的心态一直没有摆对，她始终认为林业平既然是顾留芳的转世，他们是同一个灵魂，便是同一个人。

可是既然转世成人，前世便已经一笔勾销，今生已是新生。所以顾留芳只是顾留芳，林业平也只是林业平，他们自然不是同一个人。

三

前一世的顾留芳，已经付出自己所有的爱和性命，作为一个凡人，他已经给了自己所能给的全部。

站在紫萱的角度，自然能够理解她失去顾留芳的绝望，和独自一人背负一切的痛苦。

可是顾留芳已经不在了，就算转世成人，他也永远不在了。她越是留恋，对林业平来说，就越是伤害，就越是不公平。

拥有全新人生和经历的林业平，初见紫萱的那一刻，心便已沦陷。林业平与紫萱经历的所有，也仅仅是独属于他的。

爱本是独自占有，即便那个人是前世的自己，林业平也会嫉妒，他自然无法容忍紫萱还心心念念着别的男人。

没有好好沟通的两人，感情自然出现了裂痕，林业平终于忍不住爆发，而紫萱在心灰意冷下留书回了苗疆。

回到南诏国后不久，南诏国就发生了叛乱，她身为守护者，自然要带领子民们一起抵抗。

两军交战中，为了保护南诏国子民，紫萱只好束手就擒。即将被斩首的那一刻，林业平孤身赶来救她，最终寡不敌众被乱枪刺死。

临死前，还执着地向紫萱发问，她心中念念不忘的那个人到底是谁。

这一世的他们再次惨烈收场，林业平依然付出了自己所能给的全部，他的爱和性命。

四

二十七年前，紫萱找到了再次转世为人的小婴儿，将他送到了蜀山，并承诺不再出现在他面前。

此后，小婴儿便被蜀山收入门下，成为蜀山派大弟子，取名为徐长卿。他也不负众望，潜心修炼，一心向道，以天下苍生为己任。

直到他再次与紫萱相遇，如同前两世那样，一见钟情，从此情根深种。即使没有记忆，每一世都如初见那般，见到她的第一眼，心便从此沦陷。

可是这一世，徐长卿再无法像前两世那样，放下所有，和紫萱双宿双飞。

他可以为了紫萱放弃修道，被蜀山逐出师门，却不能为了个人幸福而弃天下苍生于不顾。

蜀山弟子的责任和担当，早已刻入他的骨血和灵魂，他依然深爱着紫萱，解封了前两世记忆的他，更清楚他们之间的羁绊和遗憾。

可是在个人的爱恨之上，还有世间大义，他终究只能接过师父和长老们的衣钵，走上他注定要走的仙途。

历经大劫之后，紫萱带着徐长卿来到了忘情湖，他们最终决定喝下这里的忘情水，忘掉彼此的一切，成全彼此。

可两人告别后转身，谁都没喝下那忘情水，他们谁都舍不得忘记彼此，忘记他们曾经经历过的一切。

第一世的他们，爱情萌芽于彼此情窦初开时，所以爱得真挚纯粹热烈，可以不顾一切，可以为之付出生命。

第二世的他们，紫萱执着于前世，折磨自己也折磨对方，因为误会和猜忌，最终惨烈收场。

第三世的他们，纵使依然有不顾一切的勇气，最终还是为了世间大义放弃了个人幸福，彼此成全，最终放手。

曾经的他们，许下了誓言，执子之手，与子偕老。谁能想到呢，那一约三年，却一爱三生，最后还是不得不相忘于江湖。

或许最好的爱是不打扰，哪怕无法相守，哪怕天各一方。

他们对彼此的爱不会消失，爱依然会陪伴着他们走过余生，而他们的余生也不过是短一点或更长一点的区别罢了。

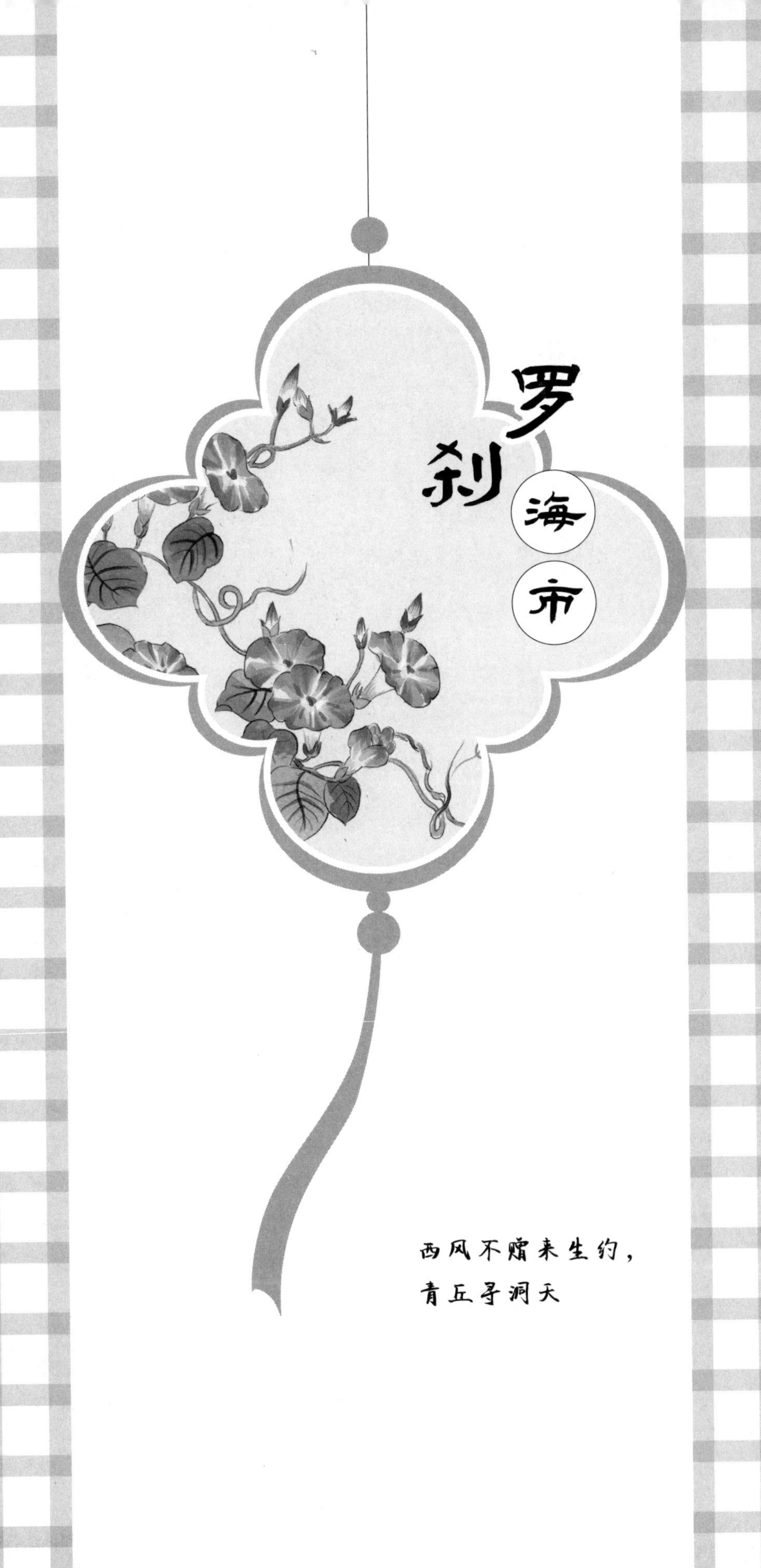

西风不赠来生约，
青丘寻洞天

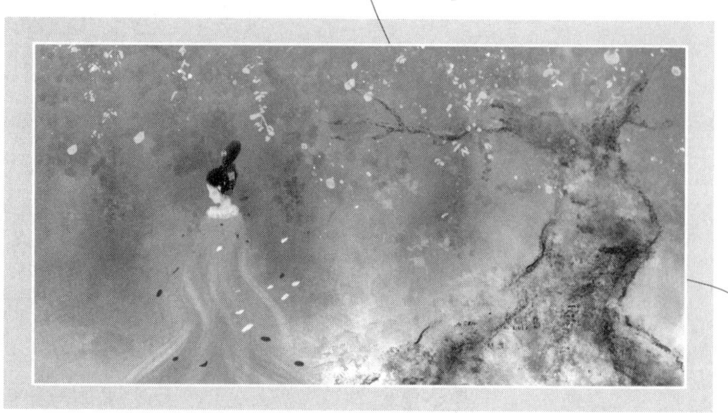

枕玉

✽慕兮

龟兹国进奉枕一枚，其色如玛瑙，温温如玉，其制作甚朴素。若枕之，则十洲三岛、四海五湖尽在梦中所见，帝因名为游仙枕。

——《开元天宝遗事·游仙枕》

一

陆长亭自有记忆以来，就与很多孩子一起被锁在这小院子里。

有人将他们衣食起居照料得体，却从不肯多言半字，只依稀听闻是他们素未谋面的父辈们犯了错，连累身后子嗣关押在此，永生不得踏出庭院一步。

随着年岁渐长，十六岁的陆长亭学会了给自己找乐子。大榕树可以架秋千，院墙下可以捉蛐蛐，偶尔还能讨得浣衣阿姊的欢喜，央她捎来几本旧书。草木葳蕤，四时枯荣，日子也就这样一天天过去。

直到那一天，裙裳临风的姑娘眉眼温柔，怀抱一方玉枕，翩然而来。

陆长亭不知她是如何踏过厚重院墙，又是如何躲过看守侍卫的，只知她玉色衣裳好看得很，朱唇轻启，声如间关莺啼："小公子，你想不想到外面去看一看？"

她自言怀抱之中乃是游仙枕，色如玛瑙，温温如玉，枕之入梦，则十洲三岛、四海五湖尽在梦中所见。

陆长亭轻笑一声，显然是不信。

一个连方寸之地都未曾见过的孩子，又怎敢奢求什么十洲三岛、四海五湖。

姑娘却也不恼，只轻笑着摸了摸他的头，似是惯于如此宠溺，温暖的触感蔓延至心扉，隐约唤醒一丝记忆里名为温柔的情绪。

陆长亭怔在原地，看着这眉眼含笑的姑娘，觉得自己似乎是见过她的，这样温暖的笑容，竟让人心口隐隐作痛。

陆长亭忘了自己是何时睡着的，只记得那真是一个很好的梦。

梦里有空山新雨，雾色朦胧，有山谷之间悠长而清脆的打磨声。黄莺的啼叫和在院子里偶然停留时听到的不同，一山青一山黛的风光也和泛黄纸张上画的不一样，原来这是山河，这是溪流，那是生长在岩壁上的凌霄花，那是破土而出还沾着新泥的竹笋……长亭睁大了眼睛，生怕错过一景一物，只觉得自己这十六年，竟是头一回见识了天地一隅。

他的眼神近乎贪婪，甚至明知是梦也不愿醒来，直到耳边有人一声声轻唤：“小长亭，该醒了。”睁开双眼时，玉枕尚温，身畔的姑娘眉目含笑，正托着腮，静静看着他。

原来游仙枕的传说是真的，这名唤尔玉的姑娘也是真的。

二

遗憾的是，他人并不这样认为。

在陆长亭第十二次向邹羽讲述那个梦境时，邹羽没忍住，抬手给了他一拳，一脸担忧地问道：“长亭啊，你是不是想出去想疯了？这里除了送饭的阿嬷，从来也没有外人进来的，而且这么好看的姐姐，怎么就让你一人看到了？”

长亭摇了摇头，喃喃道：“说不定她是仙子呢。”

邹羽扑哧笑出声来，故意说：“别是女妖怪就好，你睡了她的枕头，三天后来取你小命。”

长亭又羞又恼，索性不再理他。

邹羽是长亭从小到大的玩伴，向来聪明，连他都不信自己，长亭不由得怀疑一切都是一场梦。直到三日之后，尔玉又一次怀抱玉枕而来，长亭才松了一口气。

此后，借一方游仙枕，长亭想见江南，便见江南，想见大漠，便见大漠，于梦中去过长天以南，也见过江河日月，那些想也想不敢想的奢望，竟都成了真。

只有一事让他颇觉遗憾，几月来，他与尔玉相见数次，日渐熟稔，但有关她的一切，她却只字不提。

少年心性便是如此，她越不愿告诉自己，他就越想去一探究竟。

那一晚，月上梢头，灯火渐熄，陆长亭乖乖闭上眼睛，枕着游仙枕，心里默念着什么，很快便睡着了。

这是哪里呢？漫漫黄沙的掩映之下，竟有一方世外桃源般的绿洲。水是清澈的，映着蓝天和云影，不远处有人着一袭青衫，吹着悠长的笛曲。他心心念念的尔玉，就静静立在那人身后，听着笛，不言语。

梦境戛然而止，之后便又是无尽的黑暗，醒来时天色尚黑。

“那是什么地方？”临睡前，长亭念叨的是去尔玉的故乡看一看，可还是未能看出究竟。

“你不该看到的。”

“到底是什么地方？”这温和内敛的少年却格外执拗。

“是我的故乡，龟兹。”离长安七千四百里，都白山之南，她的故乡。

“那……那个吹笛子的家伙呢，他是你喜欢的人吗？”少年问得小心翼翼，在得到肯定的答复后，眼神里的光却倏然黯淡。

那个人哪，贪玩得很，有着世上最巧的一双手，心思却从不安稳。不愿做一等一的能工巧匠，而是凭借做出来的小玩意儿讨别人欢心，换了银两，去四方游走。走过江南的朱衣宅邸，也走过大漠的日月长河，只是这一方用天山玉石打磨出的游仙枕，一直留在身边舍不得予人。

还为她取名——尔玉。

三

原来，十洲三岛、四海五湖，她在梦中为他所画的万里江山，都是那工匠曾带着她尽数走过的地方，每一寸山河，都镌刻他们的回忆。

长亭虽未见过世面，却早已猜到，尔玉

并非人间女子，只是在听到这久远的故事时，仍有一丝难掩的失落。

少年终究是少年，再抬起头时已是天真明朗的笑颜，信誓旦旦地说道："尔玉姐姐，你等着我，总有一天我会离开这里，走遍天南地北，带你回你的家乡去。"

闻言，尔玉只觉心弦蓦然一紧，将他轻轻揽入怀中。

他和那个人，也许是不同的吧。

孩子气的一句许诺，长亭却格外认真。那之后，他尝试过各种溜出去的法子，无一例外都失败了，整日闷闷不乐绞尽脑汁，连他的小伙伴邹羽都看不下去了。"长亭啊长亭，什么钻墙角爬树，我们小时候就试过了，认命吧！"

可运气就是说不准，那一日长亭蹲在角落里，恰好听到两个老嬷嬷的闲话。说是哪位官爷的夫人得了重病，想在临去前再回千里之外的故乡看一眼，可夫人经不起舟车劳顿，官爷又不忍心她抱憾而终，便重金悬赏能人异士，了却她的心愿。这些时日，方士道士来了不少，却都无能为力。换作平时，长亭可能一笑而过，可如今他有了游仙枕，可谓轻而易举。

素来心疼他的阿嬷将信将疑，将他蒙了双眼带去了官爷的府邸。那一晚，夫人枕着一方玉枕做了个好梦，梦到故乡的江水汤汤，亭台楼阁，醒来后连病都好了大半。官爷大喜之下，决定重赏这少年，可少年说他不要千金赏钱，只求洗去身上之罪，重得自由。老宅里的孩子多得很，生病夭折是没人在意的，官爷买通守卫暗送他出去，简直易如反掌。

回去之后，长亭迫不及待地跑回住处，他满心满眼都是欢喜，为自己十四年来终于能逃离这鬼地方，也为他即将实现对尔玉的承诺，今后，十洲三岛、四海五湖，便都任他们来去了，还有她的故乡龟兹，他会陪她留在那世外桃源，一生一世。

谁料推开门时，没能见到尔玉，反是邹羽一脸慌张，不安地看着他。"长亭……对不起，我真的不想一辈子都待在这里！"

而后，几个官兵模样的人将他围住："卢大人有令，明日子时前来取走仙枕，到时自有人来接应你二人出去。"

一盆冷水，倏然浇灭了那满心满眼的欢喜，他到底还是个不谙世事的孩子。

四

游仙枕依然温润如玉，触手生凉，尔玉翩然而来时，不巧听到那官兵的话。她仍是笑着，温柔而亲切，轻轻将面前不知所措的少年揽入怀中："没事的，长亭，没事的。"

"你不是一直想重获自由，自己去感受这一寸寸土地和山河吗？离开这个囚笼，你会去见更广阔的天地，遇到更多人，你的路还很长，不能困在这一隅之地生老病死，也不能一辈子活在游仙枕编织的梦境里。"

那你呢？游仙枕不在我身边了，你是不是也就不会陪着我了？

"不……不行！"长亭脱口而出，她陪他看了这么多美好的风景，他说好要带她回到故乡龟兹的，怎能食言？

看着眼前这真诚而倔强的少年，尔玉突然笑了："小长亭，你不是总想知道我的故事吗？闭上眼睛，再枕着这游仙枕，我陪你做最后一个梦吧。"

这个梦里，他又看到那妙手天成的工匠。一袭青衫，一支玉笛，策马踏过玉门关，一路向西。他走过很多地方，无论到哪里，都带着这方游仙枕，因他总觉得这玉枕是有灵性的。许是天山之石历千年而成，走过江南，玉枕上的纹路便成早春梅花；走过长安，纹路便成朱门锦绣；走过大漠，竟又绘出一笔笔流云雁阵……再后来，他来到了龟兹——一处他想要找的世外桃源。

在那里他日夜吹笛，逍遥快活，连龟兹王也被这大唐而来的盛世之音所吸引，日子久了，枕上的纹路竟似一位眉眼温柔的姑娘，于是，他唤她尔玉，笑着说真真是日久生情，连这石头也对他的笛声动了情。

这一路过大漠长河，闯龙潭虎穴，他都没有抛下她，可是后来，在镶金嵌玉的异域宫殿里，他亲手将她捧到龟兹王的面前，献宝似的说道："禀大王，此乃仙物，通感生灵，枕之则十洲三岛、四海五湖可尽在梦中所见。"

在龟兹王粗犷的笑声中，尔玉留在了龟兹的王宫，他却永远离开了龟兹，有没有回到他的故里长安，有没有像年少时一样，依旧在这广阔山河行走，她都不得而知了。

"我一生中最重要的人，亲手将我献给了龟兹王，龟兹王又用我来讨好大唐的皇帝，这许多年来，早已看淡了。可终究是不舍得怨他，甚至想舍了这一身修为，换再见他一面。"

"那，你见到他了吗？"

五

这一梦可真长啊，仿佛已由她相伴，走过了半生。

待长亭醒来，竟觉所谓生离死别的痛，在心里真切经历了一回。他开口便唤尔玉姐姐，身边却没有了熟悉的身影，只有邹羽扶着他，耳边是马车颠簸离去的声音。"抱歉哪长亭，怎么叫你都不醒，官爷派来的人等得烦……"

"尔玉呢？"对上邹羽一脸蒙，长亭着急道，"就是那个总穿玉色衣裳的姐姐，笑起来很温柔，说话轻声细语——"他突然不接着往下说了，他忘了，从始至终，也只有他能看到她，如今，还把她弄丢了。

邹羽许是为了安慰他，拉着他的胳膊一路絮絮叨叨："长亭啊，我们可算离开那个鬼地方了，之后你想去哪儿？江北还是江南？哦，我还想回我老家看一看，虽说老家一个人都没有了，但门前那棵石榴树应该还在，听说是我出生时我爹自己种的……"

家……长亭连家都不知道在哪里，没有了尔玉，去龟兹又有什么意义？不，不行，他说好了，要带她回家的。

一声马鸣撕破了天空的阴霾，少年一袭素衣翻身而下，还不忘冲马车里喊："邹羽！你快走吧，我得回去！"因为她还在那里，有人已经将她扔下一次了，长亭不会再扔下她。

富丽堂皇的宅邸里，卢大人的管家优哉游哉地喝着茶，望向这眼前狼狈的少年，一脸不屑地说："送出去的东西，哪有收回的道理？"

似乎他说的，是一桩很可笑的事。

长亭跪得膝盖发疼，脑海中嗡嗡作响，似乎有什么久远的回忆和眼前的场景缠在了一起。座上之人束着发辫，袍长没膝，竟成了龟兹王，夜光杯里的美酒轻轻晃着，如血色一般，重复着相同的话语："送出去的东西，哪有收回的道理？陆乐师啊，趁本王还没有反悔，你还是快些离开，连夜回到你的大唐吧！"

真可笑哇！

大唐……那个只因只言片语便定了父亲死罪，还关了自己十四年的地方。还好自己有一双巧手，爱捣鼓些小东西，骗了别人欢喜，也趁机逃出了那囚笼。他恍然想起，自己本应是个妙手天成的工匠，却因为被关得久了，一朝得见天地广阔，只想走得越远越好。

后来，他来到距长安八百里之外的龟兹，本以为这里是世外桃源，不想龟兹王爱惜他笛声中的盛世之音，竟封了他做乐师，再不许他离开。他怕极了这种被束缚自由的感觉，这让他想起儿时的苦痛经历。

是了，是他陆长亭亲手将她送到龟兹王的面前，说："此乃仙物，通感生灵，枕之，则十洲三岛、四海五湖尽在梦中所见。"只为换这一身自由，回到故土盛唐，纵然那里太多不见天日的罪与错，但终究，是他的故乡。

原来，她所爱又负了她的人，从来都是陆长亭。

六

许是命数吧，同样的相遇和别离，换作十六岁的陆长亭又一次重来，他后悔了，还未走出那片大漠便已后悔，刚在远去的马车上醒来就已后悔，可是她，可还会原谅自己？

管家见他一副失魂落魄的模样，轻哼了一声："想见卢大人也可以，先叩上一百个头再说。"陆长亭回过神来，眼眸里突然流露出一丝光亮，想也不想便叩首而拜，一下下，不知疲倦，哪怕额角已是一片殷红。

那游仙枕成了官爷镇宅的宝物，就供奉在精妙的几案之上，此刻竟同几案一起掀翻在地，恰落在陆长亭的面前。他仍在一下下叩着头，哪怕只有一线希望，哪怕今后一辈子困死在那小院子里，他也要留住她。"尔玉，尔玉，这一次，我哪儿都不去了，好不好？"

几滴血落在玉枕上，朴素无华的枕面竟突然有了纹路，有梅花，有楼阁，有雁阵，他们曾一起走过的寸寸山河，此刻尽数浮现，渐渐幻化出一位姑娘的身影。

他是见过她的，在准备离开龟兹的那个夜里，夜雨滴答，便梦到了那位听笛的姑娘。她一袭玉色衣裳，眉眼温柔，一双手轻轻抚上他的脸颊。"从此，龟兹就是我的故乡。"因为这里有太多美好的笛声和回忆，这些年他说着不悔，却总望着庭前落叶，念叨着叶落归根，等有朝一日真得以放下一切身归故里，却忘了，那里是没有我的。我不属于长安，不属于龟兹，不属于你带我走过的九州十国，每一寸土地和山河。

只属于有你相伴的这一方天地。

"我等了很久很久，等到龟兹王将我献给大唐的皇帝，等到我终于来到长安，却到处都寻不到你，只能借着游仙枕，一次次来见十六岁尚在长安的你。还好你回来了，我也终于等到你。"

玉色的身影越来越清晰，临风的裙裳上沾了血渍，宛如一朵朵期盼的花，无损她一分一毫的美好。青天白日里突然出现了一位姑娘，管家被吓得跌坐在地上，连呼有妖物作祟，早已一溜烟没了踪影。

姑娘怀抱着玉枕，擦净上面的血迹，便只剩朴素无华的温温玉色，她朱唇轻启，笑语温柔："小长亭，这一次我们去哪儿？"

后记

然后呢？是日春风和煦，两人一马，两岸的桃花点染了艳阳天。

"那年离开龟兹后，你又去了哪里？"

"早就不记得了。"他将尔玉轻轻揽入怀中，什么在沙漠里醉酒失眠，什么回到龟兹讨要玉枕被赶出来，什么跑到天山找石头，却再打磨不出那样一方玉枕……那都算上辈子干的傻事了，他才不说，也不承认！

陆长亭握住她的手，轻轻笑了，马蹄声一路轻快，踏着春风。

从此天南地北，五湖四海，不管去哪儿他都不会再丢下她一人。当初看过了九州十国的风光，今后，便去看白头偕老，一生一世吧。

钟瑶琼

✽骆瑞生

天上地下，神仙凡人，有什么差别？世俗是最生动的风景画。当世俗妙人，是趣味之事。

钟瑶琼在京城以木雕为生，至今已十余年了。因爱秦淮海“郴江幸自绕郴山，为谁流下潇湘去”，又兼之是郴州人，所以又自号郴山居士。

钟瑶琼其人，形貌昳丽，性格洒脱，乃人间奇女子也。因厌倦城市喧哗，于京郊择一僻静处赁屋而居。平日无别事，只以木雕消磨岁月，人谓“木雕西施”。

钟瑶琼最常雕琢一种书房小摆件，这种小摆件原是一只蟾蜍，据说可吞吐文气。诸多达官贵人往往花重金向钟瑶琼求取，钟瑶琼来者不拒。

蟾蜍到手之后，达官贵人便邀请世间有文名者来书房做客，客人一坐，达官贵人就悄悄将蟾蜍嘴巴对准客人，如此一来，客人身上流溢出来的文气便源源不断被蟾蜍吸入肚中，等客人走后，达官贵人反锁书房门，将蟾蜍之口含在口中，形如喝酒状，将蟾蜍所积之文气一股脑儿倒入口中，以此来增加自己的才华。

蟾蜍何以知道哪个是客人哪个是主人呢？会不会将主人的文气也吸收掉呢？这些倒是不用担心，蟾蜍并不知道谁是主人谁是客人，只能分辨谁的文气足谁的文气不足而已。达官贵人多是蠢物，毫无文气，犹如聚水之暗渠，凡稍有文气者，皆可转换到达官贵人身上。

当然也有例外。所请客人，有的本是蠢如猪狗这样的人物，因为长袖善舞，也在江湖中文名正炙，只是请来一坐，蟾蜍本想大口吸收文气，却不想被浊气一口闷倒，需要饮清风好几天才能灵醒过来。

有人劝钟瑶琼道：“既然蟾蜍吸人文气，雕琢时何不系帕掩口？免得文气被蟾蜍吸了去，给别人作嫁衣裳。”

钟瑶琼笑道：“真有文气者，文气则如山间之清风明月，取之不尽，用之不竭，小小蟾蜍哪里就能吸收尽了？”于是不加理会。

又有人问钟瑶琼：“瑶琼一身傲骨，何以巴结达官贵人，为达官贵人做此俗物？”

钟瑶琼更是一笑，说道：“非是巴结达官贵人，实乃巴结钱而已。”钟瑶琼的洒脱性格，由此可见。

一日，钟瑶琼又于屋内雕琢，凿刀锯子交替使用，忙得不亦乐乎。这时忽闻有敲门之声，钟瑶琼本想置之不理，但敲门声持续不断，钟瑶琼无奈，只能放下手中凿刀，开门去了。

打开门，门前站着的却是一位憨厚老实的和尚，面目倒是熟悉，只是记不得在哪里见过。和尚对钟瑶琼拱手说道："老僧即将远行，特来拜别。"

钟瑶琼觉得奇怪，便问："本不认识师傅，何来拜别？"

和尚说："故人倒是故人，只是钟才子忘了。"

钟瑶琼挖空脑袋努力想了一番，终究没想出来，又说："实在想不起来，恐怕师傅记错了吧。"

和尚笑道："既然如此，不必执着去想了，老僧来了，也就拜别了。"说完转身就走了。

钟瑶琼看着和尚缓缓走远，仍旧一头雾水。关上门，又要去拿那个凿刀，却又听到了敲门声。打开门，见到一位妙龄女子。

"姐姐，今日我功德圆满，特来拜别。"妙龄女子满脸含笑地说。

钟瑶琼好生奇怪，刚有和尚来拜别，现在又有妙龄女子，实在不知道是怎么回事。

但妙龄女子天真烂漫，钟瑶琼也有了亲近之心，便柔声问道："向来不认识妹妹，你何以向我告别呢？"

妙龄少女只笑不答，钟瑶琼盯着少女看去，也是似曾相识，只是不知道在哪里见过。

"姐姐忙碌，又时间太久，自然是忘了，但姐姐再造之恩，没齿难忘，今日缘法已满，要成仙去了，所以特来拜别。"

钟瑶琼吃了一惊，疑惑问道："成仙去了？"

少女笑道："上天每五百年选一次神仙，凡人间有仙气者，经过考验，俱可成仙。昨日仙榜发布，我名在其中，即将飞升，所以特来拜别。"

"原来这样。"钟瑶琼喃喃自语，脑子乱糟糟的，也不知道少女说的是真是假。

"姐姐好生保重，我这就走了。"说完少女也转身走了。钟瑶琼本想再说些什么，但少女身影已远，只好茫茫然关上了门。

忽地，又传来了一阵敲门声，钟瑶琼打开门一看，却是一位翩翩公子，俊秀非常。

男子拱手言道："钟小姐安好，今日特来拜别。"

"你也要成仙去了吗？"

男子一愣，笑道："也有别人来拜别了？"

钟瑶琼点了点头。

男子说道："看来借小姐之手成仙者众多，真是功德无量。"

钟瑶琼问道："借我之手成仙是什么意思呢？"

男子说道："请小姐好好看看我，是不是很熟悉？"

钟瑶琼小心细看，果然似曾相识。

男子说道："我也不卖关子了，我们都是钟小姐亲手雕刻之物，因钟小姐巧夺天工之手，俱得了仙气，五百年一次的选仙大会，俱把我们选了去。"

"原来如此。"钟瑶琼有些怅然。

"是否疑惑，所雕之物多已成仙，本人却无此缘分？"

钟瑶琼默默点了点头。

男子道："助人成仙者不必成仙，就好像清风明月以其灵气供仙吸收，山林草木以其色供仙开眼，山川大海以其广阔供仙遨游，钟小姐就是清风明月，就是山林草木，就是山川大海。我如此说，小姐可明白？"

钟瑶琼又缓缓点了点头。

"所以不必怅惘，人间万事万物皆有定

法，随其辙而行，随其轨而去，便是人间自由人。”男子说完，微微一笑，又向钟瑶琼发出邀请，“若钟小姐真有成仙之意，何不随我而去？看云生云起，看风起风息，人世变幻，犹如过眼烟云，人间悲喜，犹如水静风清，这岂不比在人间有滋味得多？”

钟瑶琼想了一想，郑重地摇了摇头，说道：“成仙虽有诸多好处，但听你所言，滋味倒是没有的。我在人间，忙时雕琢，闲时打盹，饥则有各色美食，渴则有各种饮品，与人交往，不管权贵者、清高者、聪明者、愚笨者、清洁者、污浊者，皆各有意趣，况我现在尚不能绝情爱，一别爱人，恐怕将相思不已，所以还是不想成仙。”

男子笑道：“若灵智懵懂，便在天上也是蠢仙，若灵智清醒，便在地上也是慧人。钟小姐灵心一点，能思至此，便是地上之仙人。何必再去成仙呢？”说完又拱手一礼，转身离去了。

此后，敲门声响之不绝，钟瑶琼却再也没有开门了。倒不是不想对他们有所回应，只是成仙紧迫，不想耽搁他们罢了。虽然未曾开门，但钟瑶琼却倾耳细听，门外不独人声，还有鸟鸣、犬吠、猫喵、牛哞之声，钟瑶琼笑着自语道：“平日里自以为疏懒，想不到不知不觉也雕了这么多。”

终于到日暮时，一切敲门声都停了下来，院子重回寂静。此时红霞满天，钟瑶琼打开门，倚着门框眺望。许久，见晚霞逐渐退去，便关门回房，不想低头时看到门口停着一只蜗牛，正以为是寻常蜗牛而已，蜗牛却开口说道：“姐姐，我来拜别了。”

钟瑶琼吃惊一问：“你也要成仙去了？”

蜗牛说道：“赖姐姐手力，成了神仙，特来拜谢。”

“那你得快点了，他们都去了。”

“我行动缓慢，恐怕赶不上了。”蜗牛叹息一声。

“好不容易成仙，不要泄气。”钟瑶琼鼓励道。

“如此，能否劳烦姐姐再送一程？”

“如何送？”

“将我抛入空中，我自会飞升。”

钟瑶琼蹲下来，将蜗牛捧在手中，站起来就将蜗牛向着云霞处用力一抛，空中传来“谢谢”两字，随即蜗牛便消失不见，已然成仙去了。

半夜，钟瑶琼在梦中，忽然听到门口一阵蟾蜍哭声，开门去看，却是一大群蟾蜍盘踞门口，大哭特哭。

钟瑶琼问道：“何以在此哭呢？”

一只蟾蜍止住哭声说道：“姐姐做他物时，只管随心所欲，不含利禄之心，而今所做之物，皆已成仙去了。只是做我们时，好不偏心，让我等去吸人文气，又拿去达官贵人处换取钱财，因此我等皆成了俗物，不能飞升成仙了。”

钟瑶琼好一阵愧疚，解释说：“我亦须谋食，此是不得已为之，不过以后也不再做这样的事情了。”

蟾蜍也是明理之物，知道人间谋食不易，也不能因为想成仙就断人衣食，遂想了一个办法：“蛇，我们之世仇也，可雕蛇来替换我们。”

“可是我害怕蛇呢，况且也不喜欢蛇。”钟瑶琼无奈说道。

蟾蜍沉默一阵，又呱呱一阵。那一只蟾蜍又说道：“听姐姐所言，是不是不喜欢蛇而独喜欢我们？”

“大概算是。”钟瑶琼不甚肯定地说道。

“既然姐姐如此喜爱，纵然不能成仙，也愿助姐姐一臂之力，以后尽管雕就是了。”说完，一群蟾蜍又蹦跶远去。

苍苔路杳

✻破小旋

回首暝烟无际，但纷纷、落花如泪。多情易老，青鸾何处，书成难寄。

——葛长庚《水龙吟·采药径》

青山叠翠，浅水流碧。郁郁苍苍的群山深处，薄雾依稀聚散，影影绰绰，恍若仙人在山间踏云而舞，回风流雪，又似西子浣纱天边，唤鹤而歌。

这里便是我所长住的罗浮山。相传山中曾得仙人驻足，故奇珍灵药甚多，而入山之路却崎岖异常，似神鬼布阵，诡异迷幻。许多试图进山找寻珍宝者都迷失其中，不见归途。

我在这山中已经居住了很久，久到连我自己也记不清楚有多久了。我从没有出过山，因为自我出生时那一刻，我的任务，便是守护着这山中的小小宝贝们——那些珍贵的奇花异草。

那一日，我光着脚，坐在被太阳晒得暖暖和和的青石上，用手掬起一捧水，浇到已经鼓起好几个圆鼓鼓的小花苞子的蓝色栀子身上，心里美滋滋地想着，今天下午，或许明天，大概就能开花了。

我闭上眼晒着暖暖的太阳，却感觉几滴水弹上我额头发间，我扭过头，看见蓝栀正借着风儿的力量调皮地朝我晃动着淡蓝色的花苞，嫩绿的叶子向我手舞足蹈。

“苍苔姐姐，你看，你看门口是不是有人哪！”很少看见陌生人的蓝栀异常激动。

我转眼下视，发现许久未曾有人到来的山底入口晃动着一袭青衫。

我心想又有人闯入山中，便挥掌凝聚起瘴气聚集到山门口。没想到那人竟不惧瘴气侵蚀，拂尘一扫，竟轻灵地闯过了我布下的瘴气迷阵，直向山中走来。

我心中一凛，拎起裙摆，光着脚，涉水而过，来到山脚，堵住来人的去路。

这时我才看清了来人的样子，好熟悉的一双眼睛。心跳似乎快了些，莫名腾起的一股奇怪的情绪让我不自禁地放缓了脸上方才凝起的冰冷表情。

“你是谁？为何闯入山中？”我问。

他低头，看看我光着的双脚，又抬起头，对我温和一笑，温润眼眸的莹莹光华里饱含歉意。

“在下葛长庚，无意冒犯，只是为救人一命，寻草药而来。敢问姑娘怎么称呼，又为何在这山中？”

“苍苔，沈苍苔。我是这山中药农，这山中草药，皆为我所种。”我声音骤然冰冷。

“你想要找什么草药哇？”蓝衣小姑娘从我身后蹦出来，好奇地眨着眼睛盯着眼前的年轻人。我这才发觉，蓝栀刚才竟然偷偷跟在了我身后。我一手捉住蓝栀的小手，不让她乱跑。

“蓝色栀子。”他朝我们微微颔首，“她生了很重的病，危在旦夕。大夫说，要尽快找到一株正在开花的蓝色栀子，连根拔起，根叶花一同熬煮做药引，方能救命。大夫说唯有这罗浮山中才有蓝色栀子。在下恳请苍苔姑娘帮忙，我愿出高价来买。”他朝我一躬身。

他眸子温和，可蓝栀像见了鬼一般一溜身躲到了我身后。

这人竟然是要摘蓝栀回去。我心中戒备乍起。如果把蓝栀连根拔起，根叶花一同煮了，她会没命的。

“哼，”我冷笑一声，“如果说，我不要钱，而要你用命来换呢？”我冷笑一声。

他眸色诧异。垂眸思忖片刻，向我点点头。

“什么人让你舍得用命来救？”蓝栀在身后扒着我的衣服，侧着探出脑袋，好奇地看着面前眉眼柔和的年轻人，脸上微微泛起红晕。

“苏家小姐与葛某自小一同长大，胜过亲人手足之情。”他没有怒意，依旧眉眼淡然。

“胜过亲人手足之情，难道就是苍苔姐姐说的爱情？”蓝栀用手挠了挠脑瓜儿顶，眨巴着眼睛看看我，又看看葛长庚。

我也看着葛长庚，因为我也很想知道他的答案。

他只垂眸微微一笑。

这个动作让我后来思索了很久很久，这是不是表示，他默认了呢？

是，还是不是？

“有一句话我从刚才就一直想问，苍苔姑娘，我们之前是不是在哪里见过？”他问。

是啊，你原来认出我来了。我在心里惊喜万分，可嘴上却冷哼一声：“没有。”

是啊，我心中自嘲。这个问法不过是年轻公子哥儿们用来哄骗涉世未深的姑娘们常用的把戏罢了。他怎么可能认得出我。

“你不需要用命来换，因为这山里根本没有蓝色栀子。你若是硬要闯进山里看看，那我只能不客气了。”我拿着碧绿色短剑，直指他脖颈间，剑身反射出微微寒光。

他并没有恐惧的样子，而是看着我，眸中难言的失望和无奈神情让我心里一痛。

半晌，他后退一步，微微颔首，转身。

“要不然，那个……那个……你明天过来，虽然现在没有开花的蓝色栀子，可是也许明天就会有了。虽然根系不能让你拿走，但是花和叶子都可以给你的。”是蓝栀小小的声音。她或许也是不忍心看他悲伤的样子，竟然想将花和叶子给他。

他停住脚步，转过身来，眼中满是惊喜。

“休要妄想！这山中草药你一分一毫都别想带走。”我短剑挥起，划破他胸前衣襟，在他胸口留下一条淡淡的血痕，“你若敢再来，就别想活着走出去。要不就留下你的尸体，要不就踏过我的尸体。”我拉扯着蓝栀转身进入山中，挥手在身后凝起一片密集的毒雾阵。

我确定这种毒雾阵以他的能力不可能闯得进来。

我在山顶，远远看着，空荡荡的山谷，只剩他一人茕茕孑立。

我生来就是为了守护这片花草的。她们都是最单纯善良的植物，却同时也是最柔弱的。小小的姑娘们太容易被外界那些所谓的一片真心而欺骗。她们不知道，人心有多贪婪与恐怖，今日你赠他一朵，也许明天他就会带一群人上山，将这满山精灵吞噬得血骨不剩。

我不能让她们受到丝毫伤害。

可是，我也不想看到他伤心难过的样子。

那天夜里。苏家收到了一个小乞丐送来的纸包。

小乞丐说，有人叫他将这纸包送到苏家，并且说这个给苏小姐服下可以治她的病。

葛长庚打开纸包，里面是一团绿色的青苔。拿给大夫看过后，喂苏小姐服下。

第二日清晨，苏小姐的病竟然奇迹般地痊愈了。而他，却拒绝了苏老爷将苏小姐许配给他的提议，只身一人，再次踏上罗浮山。

青山茫茫，丛云渺渺。

我又一次看见了那抹青衫。我眼睁睁地看着他竟然闯过我布下的毒瘴，一步一步来到布满苍苔的山洞。那是我第一次遇见他的地方。

我想轻唤他一声，可是我说不出话，只能躺在静谧幽深的山洞中，看着他和衣坐在我身旁，似乎是在自言自语。

他说，苏小姐痊愈了。他说，他离开了苏家，决定四处游历，继续修行道法。

我想起了第一次见到他的情景。

那时的我同现在一样，只是这山洞中的一丛薄薄苍苔，尚未能化成人形，也不能发出声音。

我被突然闯入的少年吓了一跳，以为是来偷草药的坏人。可眉眼柔和的少年偏偏不爱洞口那姹紫嫣红的群芳，却好像对苍青一片的我很感兴趣。他蹲身在我旁边细细端详，细细端详，又是细细端详。末了，嘴里自顾自念叨起我听不太懂的句子。他说：

满洞苔钱，买断风烟。笑桃花流落晴川。石楼高处，夜夜啼猿。看二更云，三更月，四更天。

细草如毡，独枕空拳。与山麋野鹿同眠。残霞未散，淡雾沈绵。是晋时人，唐时洞，汉时仙。

后来他似乎累了，就和衣卧在我身边。

那一夜，看着他淡淡的眉眼和安睡的样子，我第一次觉得罗浮山的夜色无比静谧美好。

而今日，我也如同那许多年前初见他那般，变成了一层薄薄的苍苔。再不能发出声音，再不能化作人形。

因为那晚，我用我的精元救了苏小姐的命。

此后，世上便没有沈苍苔，而只有这一丛薄薄的苍苔。

他从怀里拿出一双精巧的月白色绣鞋。

我看到，鞋面上绣着青青点点的绿色，好像一丛薄薄的青苔。

他温和地笑着，似乎自言自语地说："女孩子再调皮，也应该有一双鞋子的。"

他放下鞋子，又一次躺在我身边。

我听到他轻轻唤了声："苍苔。"

白玉蟾，道教高人，南七真之一，本姓葛，名长庚。葛长庚在两首词中写到"苔"或"苍苔"，一首《行香子·题罗浮》是写在罗浮山中，他静坐冥想，与苍苔对坐，酣眠天地间。另一首《水龙吟·采药径》是他入山中采药，只见满目苍苔，不见昔日伊人倩影，甚至连书信都不知该寄往何处。某日，笔者由两首词想到一个故事，故记之。有道是：谁道仙人不相思。

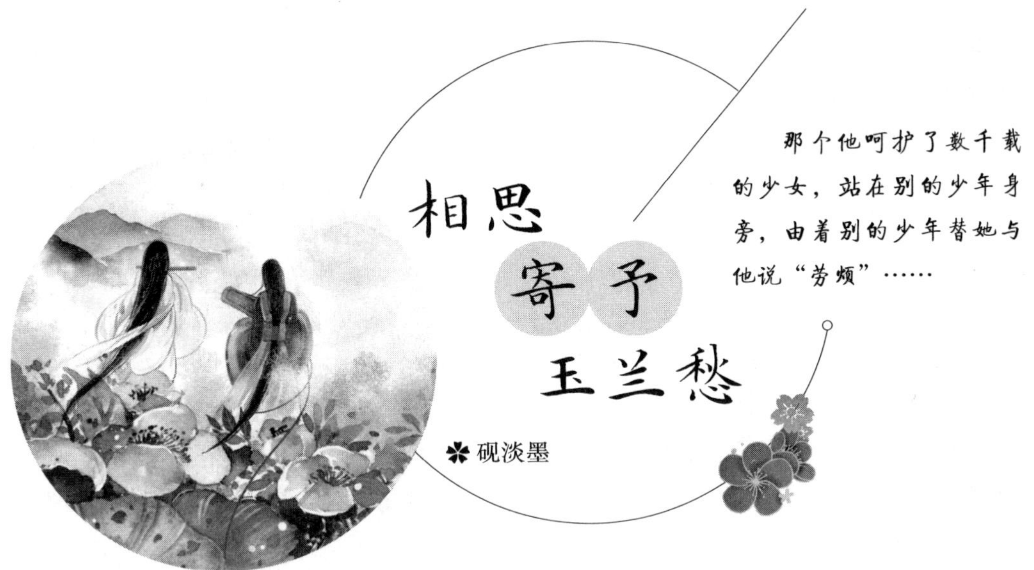

相思寄予玉兰愁

那个他呵护了数千载的少女，站在别的少年身旁，由着别的少年替她与他说“劳烦”……

✽砚淡墨

一

四更天的汴梁少了些许烟火气息，昨儿夜里恰逢大雪，残落一地玉兰。守城的禁军到了时间点换了下来，值守了一夜的少年们松懈了些许。

皇城转角巷里，卖烧饼的老人为这些少年们倒了几杯茶水，顺带便提了句坊间的传闻：“这前些日子你们贴了皇榜寻医，官家这身子说的是寒疾，可这街坊邻里的都说呀，要真是寒疾哪能这样严重，里头该不是要变天了吧？”

领头的少年咬了口烧饼接道：“可不就是，这隔着道宫门不晓得情况，惹得我们瞧着点怪异都要慌上半日。”

恰有一乌衣男子捏着张黄纸往宫门方向走，少年便对着他嚷了声：“皇城重地，怎可四处……”

那男子闻声回眸，一双清淡无情的银眸衬得那堪比莲花的姿容更是出尘，少年瞬时便失了声，愣怔着瞧那男子将黄纸翻了个面，露出“皇榜”二字，径直入了宫。

乌衣男子名为江疑，于符惕山司掌天下云雨，是大荒时代的神族，此番来人间揭这皇榜，实则是为向这大宋官家问一桩旧事的因果。

今朝官家本名赵荀，如今年岁尚未至二十五。他九岁登基，当政十五年间扩大疆域千余里，但坊间最爱议论的还是他那俊雅容色。

江疑至内廷时候，官家“寒疾”恰巧再度发作，伺候的小黄门便慌慌张张请了江疑入内。摇曳的烛光将年轻帝王消瘦的影子映在画屏上，越过跪了一地的御医，攥着胸口衣襟半伏于床榻的官家抬眸瞧见他，眸中隐忍的痛楚骤然便化作了心圆意满的温柔：“不承想死前还能遇着与她相关的事物。”

香炉燃起的迷雾缭绕在江疑身侧，他于朦胧里蓦然一笑，笑里半是怅惘：“你竟没有选择服食她。”

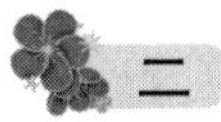

二

江疑记得，独活还未入世时，日里常喜于玉兰花间架个秋千晃荡，最出格的事儿也不过是于他身侧搅些乱子。

独活是神农时期最后一株九穗禾，昔年江疑自丹雀嘴里将她救下，又栽在符惕山浇灌千载助她化形。符惕山上的草木都说她是颇有灵气的妖，老老实实修炼定能有一番天地。

可江疑是天生的神，再如何厉害的妖也越不到神这条线来。于是独活怎地也不乐意老实修炼，反而时不时便凑到江疑身侧捣乱，不是拔了他自四海八荒新寻来栽种的花草，就是撕了他应承与九重天上仙子们纺织的各色云彩。

江疑为此恼她许多回，可她回回都湿漉着眼睛又是端茶递水，又是研墨添香，最终江疑被磨得没法子，便也只能由着她胡闹了。

后来有一年玉兰花开，独活突发奇想到人间寻觅机缘。这一寻便是十年，符惕山上少了株添乱的九穗禾，江疑栽花裁云都顺畅了许多。可不知为何，第十年木兰花开的那个暖春，江疑倚在玉兰花树下瞧着那些花草浮云许久，鬼使神差地竟学着独活的模样折腾了一遍。于是花没了，云毁了，江疑唇角竟添了一分笑意。

独活归来那日，江疑正于玉兰花树下煮茶。独活一袭红衣倚在他身侧，嘀嘀咕咕说着人间的见闻，其间屡次提起一名唤作"赵荀"的凡间帝王，于独活的话里，这位她陪伴了十年的大宋帝王温柔俊雅，不单懂吟词作曲、煮茶调香，更能作出一些治国安邦的好文章，只可惜处境艰难了些。

而后，独活话头一转，又提起先帝与赵荀的母亲，说他们分明彼此欢喜，却因身份悬殊多番顾忌，直至天人永隔也未能互通心曲，终是生生错过，实在惹人怜惜得很。

独活言辞之间总与那赵荀有关，江疑不知因何心里有些烦闷，听得频频蹙眉。他将煮好的茶推至独活面前，正欲再度与独活念叨一回神仙妖魔不应干涉人间之事的道理。独活却忽然凑近他耳畔，喃喃道："独活不愿与上神活成赵荀父母的样子，上神可知，独活今年四千一百三十二岁，也，欢喜了你四千一百三十二载？"

彼时玉兰花花期恰过，纷纷扬扬落了江疑与独活一身，独活就这般瞧着江疑，弯弯的杏眸里是符惕山的玉兰花与江疑。

桌案的茶盏不经意间被拂落，江疑怔怔地向她伸出了手，可那些自大荒时期便流传下来的不得善终的妖物故事一闪而过，他的指节一蜷，改变了动作推开她。

掩在袖下的手不受控制地颤抖，江疑咬了咬舌尖，苦涩自那处溢满口腔，他道："你是妖，除了妖，这天底下旁的与妖相恋都不会有好结局。"

"我偏要证明与你瞧！"

四千一百三十二载的爱恋落得如此狼狈，独活委屈极了，倏地起身将江疑推倒在满地的玉兰花瓣上，扭头便要走，江疑想拦她，可想到神妖之间的界限，他犹豫了一霎。

三

独活再度离开符惕山了。她刚走的那段时间，符惕山每天都在下雨。江疑就这样躺在玉兰树下任凭云雨随着心绪翻卷了数月，方苦笑着抬手遮住了眼睛，而后起身整理好衣衫仪容，重新煮上一壶茶，倚在玉兰树下品茗，自此符惕山上再无雨季。

符惕山里的草木为着这俩人的事儿私下里叹息："独活定是被上神气狠了，要到凡间去寻那赵荀来一回人妖相恋，可这天道无情，异族相恋，弱势那一方，哪有能善终的，上神也是为她好哇。"

独活这一走便又走过了几度玉兰花开，待她主动传讯寻求江疑帮助时已是四年后的事了。

那日傍晚时分下了一场雪，江疑乘着晚霞而来时，独活恰巧打开了雕窗瞧向天角，窗扉落的玉兰花因她的动作纷扬了下来。汴梁的皇宫那样大，江疑往下瞧时却偏偏一眼对上了她那双杏眸，虽然这一次那双眸子未曾为他弯弯带笑。

江疑倚着窗沿的玉兰树，独活拈着瓣玉兰花在窗内与他言语这四年间的事物。

独活离开符惕山的第二年，在平夏城遇到了赵荀，那时候大宋与西夏交战处于弱势，宋朝边境饿殍遍野，独活与赵荀行走其间瞧尽哀鸿，终究是没能忍住施展术法干涉这场战役。

江疑打断了她："你说宋人苦，可那些因你干涉而落败的西夏人呢？"

独活将玉兰花瓣别在发髻间，弯眸笑了："那时的我也只是想着要他少蹙些眉。"

后来大宋赢了，独活的妖怪身份也在赵荀面前暴露得差不多了，于是便索性与他辞行。那晚凉月如眉，城隅罕见地长了一株玉兰树，坠着的白玉兰落满月华，赵荀撷下一朵，在边城清脆的驼铃声里别在独活发髻间，他说："我素不曾在意你是何身份，妖也好，符惕山精怪也罢，昔日十年相伴，我只认你是'独活'。"

许是那夜边城的玉兰惑人心，鬼使神差地，独活便随着赵荀来了皇城。可或许与妖相恋的当真没有好结果，独活留在皇城没多久，昔日的死敌丹雀便寻来了。独活险些命丧丹雀鸟喙之下时，是赵荀不顾性命挡了丹雀。

丹雀作为上古妖族，贸然袭击天命庇佑的帝王，触犯了天道规则引来天雷，独活趁此时机击退丹雀。可赵荀却因丹雀一击落下心疾，近日愈加严重，独活推算过，倘若寻不到治愈心疾的萆荔，赵荀必然活不过二十五。

"赵荀今日已然二十二了。"独活瞧着江疑，眸子里染了一抹祈求，"萆荔生在小华山，小华山的山神只卖你的面子。"

四

小华山与符惕山相距整整三万一千四百七十二里，为了赵荀，江疑与独活乘着云行了足半月。独活术法不够精进，乘云的时候为免摔下去，她一如符惕山里的昔日，倚在江疑身侧紧紧拽着他的袖子。那半月，是后来江疑最想停留的时刻。

萆荔生在大荒时期，千万载后早已不知是否尚在。小华山的山神容许他们入山自行寻觅，可他们跨过高山，迈过长湖，问了赤鷩，访了柞牛，寻了整整一年终是无功而返。

再次回到汴梁皇宫的时候，江疑第一次瞧见了这位屡次出现在独活言语里的赵荀。

桥上的少年眉目间还有着几分未褪的疏狂，洁白的狐裘衬得他容色更为俊雅。玉兰花落，他抬手接住几片花瓣，有着几分陌上公子之姿，可眸子里经久不散的薄凉却能让人认清这是真真正正孤傲的帝王。

只是，当独活松开江疑跳下云彩时，他瞧着不一样了。如同所有的少年面对心上的姑娘一般，他眉间疏狂散去，眸子里盛上了湖间春水。他解开狐裘披在独活身上，笑着去拂落在她发上的玉兰花。而那只分明不畏严寒的妖，拢紧狐裘，委委屈屈地眨着杏眼，凑在少年耳畔说着什么。

少年闻声抬眸瞧了江疑一眼，而后揉揉独活的额发，牵着她的红袂走向江疑。

少年说："劳烦上神陪着独活胡闹了，

只要独活好好的，萆荔寻不到亦无碍。”

那个他呵护了数千载的少女，站在别的少年身旁，由着别的少年替她与他说“劳烦”。

江疑攥紧了袖子。

再后来，江疑陪着独活留在汴梁皇宫里，瞧着日里她与赵苟赌书泼茶，也瞧着夜里她独倚窗前数玉兰花落。

赵苟二十三岁生辰那日，独活倚在木兰树间的秋千上，瞧着江疑笑得狡黠：“符惕山上那株玉兰树下，埋着个木盒子，里面是我想赠予赵苟的生辰礼，当年走得仓促，你替我寻来可好？”

江疑颔首应了，只是回来的时候，玉兰花树间的少女躺在红罗帷帐里失了生机。

枕边的留音石里，少女软糯的嗓音带笑：“赵苟是人间帝王，怎好早夭？此番我自裁，你且容赵苟令道人将我炼作丹药服食。”

独活作为神农时最后一株九穗禾，食者老而不死，比之萆荔功效更佳。

怀中的木盒骤然落地，窗外的木兰花似乎察觉了神明的痛楚，一刹那间谢尽，只余枝丫间满目孤寂。人间帝王不说上千，成百之数总是有的，死了哪一位，人间都不会毁灭，独活说是为了帝王，可倘若这帝王不是唤作赵苟，她又何至于如此。

江疑在汴梁皇宫留下了独活与那木盒，也将她的遗愿转告了赵苟。他离开了这座藏尽人间繁华的城，回到了他的符惕山。

江疑早年见过太多凡人的丑陋，他以为独活已死，赵苟为了活下来定然已经服食了她。可他不曾想过，每个凡人都是不同的，对赵苟而言，服食自己心爱的女子其实比之死更为残忍。

五

汴梁帝宫里湿雾弥漫，煮好热茶的小黄门躬身退出了屏风，赵苟强撑着身子为江疑斟了杯茶，茶盏里的木兰花起起伏伏，荡漾着那些往事的曲折。

江疑坐在榻边，苦笑着接过茶盏：“神妖相恋，妖是承受天罚最重的那方，昔日我以为任她入世是为她好，却不曾想过她会遇见你，惹来这一惨淡下场。”

赵苟没有接话，只是半侧过身子自贴身的衣衫取出一支木兰花簪递给江疑，那簪子一面刻着“独活”，一面刻着“江疑”，这是那日江疑落下的木盒里的，想来其实是独活要留与江疑的，他说：“你与她就如这簪子，分明就在一节木兰枝上，却总是阴差阳错挨不到一起。”

江疑指尖轻触着刻着“独活”的那一面，眸子里终是浸润了冬雨，泛起迷雾。

江疑离开以后的当夜，大宋的官家赵苟去了。离去前，赵苟又瞧见了那个红衣少女。她坐在宫里的木兰树上，向过路的他撒下一把木兰花，对着他喊：“小孩儿，你唤什么名字？”

弥留之际，命若悬丝的官家用尽了气力，颤着唇想要说什么，候命的臣子只当官家有什么重要的遗言交代，凑近去问。官家却只抓着他的手，喉间哽咽道：“我……唤……赵……”

终究是没能应完，便去了。

《山海经》中有载：小华山所产草有萆荔，形状像乌韭，生在石头上，食之可以治心痛。

《山海经》另有载：有一位神叫江疑，居住在符惕山，这座山时常下怪雨，风云从这里兴起。

《拾遗记》中有载：炎帝时，有丹雀衔九穗禾飞过，穗上的谷粒有的坠落到人间，吃了可以长生。

河妖

✽梅艺璇

一直沉默的河妖，只握住了书生的右手，之后，缓缓松开，转身跃入湖中。岸上的书生亦不再说话，只缓缓张开手心。一枚泛旧的铜币，静静躺在其中。

一

书生落榜，满心失意跳了河，衣衫尚未湿透，便被河妖救上了岸。

临河的歪脖树下，书生此刻正哆哆嗦嗦地看着河妖，嘴唇泛青，两眼发直。一旁的河妖，则是赤瞳青发，在月色下闪闪发光。

“一百两。”河妖率先开了口，手腕一翻，轻轻勾起了书生的下巴。

许是看他一脸的惊惶失措，河妖又匆匆补了一句：“每救一人，我收费一百。”

“可……我……我是自杀。”

“不管。被我救了，就要付钱。”

书生一心寻死，身上除了贴身佩戴的一枚铜币，再无他物。

“合着你没钱哪？”

“……”

“没钱跳什么河！”河妖声音陡然提高，分外尖厉，“知道自己几斤几两吗？把你扔上岸花费了姑奶奶多大力气！”说完，河妖背过身子，冲着河面的粼粼波光生起闷气。一头青发霎时变得蓬松火红，反倒衬得她的身影小巧玲珑。

如此一来，落汤鸡一般的书生更是手足无措，支支吾吾半晌，又才开了口：“不知……姑娘，要这么多钱想做何事？”

“喏！”河妖没有回头，只抬手一指，“我听城中百姓传言，若想乘此船出游，要么云雁加身，要么身价千两。”书生顺着河妖手指的方向望去。宁海河上，一艘画舫船，繁花锦簇，莺歌燕舞。

这艘画舫船，宁海的百姓可谓无人不识。船的主人，便是大名鼎鼎的宁海王。宁海王本名骆仕英，虽无官衔加身，但财力深厚，人脉极广，骆家府邸常年车水马龙，朝中官员更是争相与之交好，久而久之，他便被寻常百姓唤作了宁海王。

元泽三年，宁海王斥重金打造了这艘巨大的画舫船。所用器具，无不奢华，船上更有绝色侍女千计，妙音仙子百人，专门用来招待各路富商及朝中四品以上的亲贵大臣。每逢月上柳梢，画舫船便载着宁海王和他的贵客，缓缓驶入河心，轻歌曼舞，逍遥人间。因而，坊间曾有“宁登骆家船，不等帝王唤”之谈，此间奢靡，可见一斑。

想来，眼前这不谙世事的小妖，是被那人间繁华勾去了魂魄。

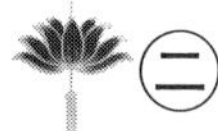

“姑娘如此不惜力气，竟只为登此船一游？”

“我活了这么久，可从未见过如此华丽之物。”

“哪怕这船上尽是些龌龊之徒？”

河妖一怔，转身望向书生。此刻那书生一改先前的狼狈模样，言辞间锋芒毕露：“骆仕英之流与朝中官臣沆瀣一气，赈灾戍边的官银就这般流入他们囊中。你只看这画舫极尽人间奢华，却不知一杯一盏皆是百姓血肉！”

“所以，你爹娘是被这船上的人做了杯盏？”河妖小心翼翼地问着。

接下来书生费尽口舌，为这河妖概述了当代官场生存现状。正在唇干舌燥之际，河妖倏地近身贴了过来，神秘兮兮地开了口：“你既然如此厌恶官场，为何还会因一时落榜而投河？”

“身为男儿，一腔赤诚，自当激浊扬清，先天下之忧而忧。”书生言语激昂，至此却突然神色消沉，默了半晌，方才再次缓缓开口，“奈何一介寒门，小刀未试，便是败局一场。”

言谈至此，两人都没了声音。河妖不懂官场的尔虞我诈，只是觉得眼前这人，真实而鲜活。

离别之际，书生将贴身的那枚铜币赠予河妖，虽不珍贵，却寓意美好。那河妖则随身抽出一支鱼骨笛。

“虽说人妖殊途，但他日你若有所求，我必出手相助。”说完，河妖低首思忖片刻：“好生活着，来年你必中举。”

未及书生回神，河妖便纵身一跃，河面霎时回归平静。

河妖潜回水底，历经数日，方才寻到了修炼千年的普罗。这普罗非妖非神，却能洞悉三界之事，操令天下之人。但他面貌奇丑，身形极怪，性情更是出了名的难以捉摸。当了解河妖来意时，更是狂笑不止。

“你千里迢迢，竟是为一个只有一面之缘的书生求中举令？”

河妖忙不迭点着脑袋：“他胸怀大志，愿为宁海百姓肝脑涂地。”

“他说，你便信了？”

“河妖的一双眼睛在水中千洗万涤，不会走眼。”

“那好，我愿为这书生写下一道中举令。”普罗话锋一转，“但，你得日后听我差遣。”

书生自那日与河妖一别之后，便断了求死之念，一心苦读。既然大志未泯，自当为其竭尽全力。

当宁海河的水再度破冰时，宁海府门前张贴的红榜上，书生名列前茅。殿试时，书生更是才思泉涌，口若悬河。圣上笑逐颜开，朝臣见风使舵。短短几月时间，书生便官服加身，成了这宁海府中一员。

月朗风清的夜晚，书生于河边吹响鱼骨笛。霎时风动蛙噪，河妖轻身跃出水面。

“姑娘，在下夙愿怕是成真了。”

“当真？”

书生将身后的包袱缓缓展开，一件六品官的鹭鸶朝服静静躺着。

河妖伸出手小心地在朝服上拂过，像是生怕惊跑了那只活灵活现的鹭鸶。看着她这般模样，书生脸上漾起了笑意。

“当年多亏了姑娘的救命之恩。”

河妖抬头，冷不防地撞上书生的目光，眸中是电光石火，也是万语千言。

三

作为朝中新贵，宁海府新官，到任后的书生，免不了和各方官贾打些交道，其中自然便少不了宁海王骆仕英。

出人意料的是，宁海王似乎对眼前这位孱弱书生格外偏爱。会见当晚，便邀请书生画舫一游。要知道，宁海王的画舫，曾经可是四品之上的王公方可踏足的宝地。

再三推托之后，书生还是被宁海王的下人强拉上了船。耳畔仙乐缭绕，身旁香气盈盈，从未见过如此场面的书生，木讷地任人摆布。

正被几位天仙似的歌姬纠缠之际，骆仕英斟满佳酿，适时出现。

“怎么，这些姑娘不合大人胃口？”

书生慌忙摆手，涨红了脸：“骆大人，下官乃寒门出身，如此天上人间，实在无福消受，府内公务繁忙，还请骆大人派一只简舟与我，早早上岸，处理公事。”

“大人殿试那日，风采一时无二，骆某早有所闻。”含笑饮尽杯中酒，骆仕英话锋陡然一转，“听闻您对鄙人和这画舫颇有微词。励精图治之心，在下实在是佩服，但若是不识时务，大人得罪的可就不仅仅是骆某了。”

书生耳畔突然传来一阵酒气，只见骆仕英凑过身子，悄声说道：“宁海府十年换了七任领事，我骆某四面周全，照样发达，你可知为何？”

“为何？”

“听话的都在骆某的帮衬下，官运亨通；不听话的，都在这下面，喂了鱼。”

话音掠过，书生周身一颤。转身望向骆仕英，只见他依旧是满脸慈悲，但眸中凶险尽现。

“寒门十载，是为了更好地活着，你说呢？”

书生走下画舫时，骆仕英的这句话，萦绕脑中，久久未散。

四

“你再讲得详细些。”河妖跷着腿，靠在树下，撒娇似的缠问着书生。

“没有了，我也只是上船送封加急的文书，来不及细看。”

“我一想到那上面皆是可怜人的血肉，气就不打一处来。”

“那又如何，世事如此，你我有心无力。”

河妖顿时一跃而起，掰扯着书生的脑袋：“为何这般丧气，你可忘了当年那赤胆忠心？”

书生不再言语，只是将河妖揽在怀中，轻声安慰着：“一句玩笑罢了，你莫当真。”

河妖不愿看书生愤懑颓唐，便择了一月黑风高夜，带领着家人将挂有骆家旗的几艘货船统统掀了个底朝天。

看着满船的生鲜瓜果沿河而下，穷苦百姓争相打捞，河妖心满意足，之后更是接连出手，先后将几位宁海官员的私船掀翻，其中竟还有一艘是骆仕英秘密走私的大烟膏。

“宁海河有河妖作祟啦！”坊间一时纷纷传闻，宁海的官臣商贾，更是瑟瑟发抖，不敢让自己的船再轻易下水。宁海府领事为平息各路怒火，更是四处张贴告示，广求能人异士镇压河妖。

出事半月之后，骆仕英亲临宁海府。领事恭敬地迎客入室，还叫来书生作陪。

“我骆某可全仗着宁海河养家糊口，大人若还不尽快平息河妖……”骆仕英把玩着一枚玉佩，似笑非笑地望着领事。

“在下近日三过家门未回，就是忙于处理此事，着实疲惫，还请您再多给我缓些时日。”

“疲惫？若真是疲惫，大可早早让贤哪。”言毕，骆仕英将目光瞥向书生，笑得意味深长。

送走骆仕英之后，领事便将一腔怒火撒向了杵在一边的书生，泄愤是真，因骆仕英提出的让贤一说，对书生心有芥蒂也是真。

“你不过是我宁海府门里的一条狗罢了。”

中举也罢，殿试也罢，如此世道，任你胸怀大志，出身寒门，怕是也只配俯下身子做狗罢了。霎时，书生心中似有崩塌之声，轰轰作响。

五

鱼骨笛清丽明快，片刻之后，河妖浮身上岸。

“明日女儿节，河西还有花灯。我租了一条小船，到时带着你家人一同观赏，可好？”

河妖听完极为兴奋，一头青发立马成了火烧一般的炽红，乖巧地将头俯在书生腿上。

指尖拂过一头红发，书生目光飘摇。默了半晌，没头没脑地问道：“你可曾后悔将这鱼骨笛赠予我？”

“河妖的眼睛在水中千洗万涤，我怎会看错人？”

女儿节，河西灯火绰绰，舟下波光粼粼，不时有淘气的小河妖探出脑袋。

“莫急，等人少些，你们再上船观赏。”书生一边小心安抚着河妖们，一边将舟使劲儿划向花灯最繁密的河区。

兴奋的河妖们只顾在水下互相嬉戏，全然没有注意到，一张密实而坚固的大网，正一点点向他们逼近。

河岸上同样嬉戏的孩童，突然拽扯起了父母的衣角：“娘，你看那边的花灯，可真亮啊。”

众人随着孩童的惊呼声望去，只见一片花灯正在烈火中熊熊燃烧。河水翻涌，火焰交融，忍受着烈火灼身之痛的河妖们，却在网中扭成一团。密布河面的花灯下，系着数不清的油瓶，爆鸣声，惊呼声，都融在这冲天的火光中。

可怜那青发河妖，听到书生的最后一句话竟是：“你看这火光，像极了你一头赤发。”

河妖之祸被除，骆仕英果然言出必行，短短几日，书生摇身一变，成了宁海府新一任领事。很快，四品云雁朝服放在了书生的面前。

绣工精美，颜色鲜亮，书生指尖微颤，轻轻拂过那云雁。身旁倏地香气迷人，画舫里的歌姬，正眉眼皆是风情地贴了过来。书生一愣，旋即敞开了怀抱。骆仕英从书生这里，轻松拿到了下一季征收官粮的批文。

河心的画舫船一如往常，歌舞升平，不同的是，船下微波阵阵，竟荡出丝丝血色。

小憩片刻的书生，走出船舱透气。水面波光粼粼，书生无意间探头向河中望去，恍惚间，竟瞧见了河妖一张面目全非的脸。

“啊！”书生惊叫着接连退了几步，稳了稳神后，再一次屏气向水下望去。河水澄澈，一片太平。

书生抹去额头上的一层冷汗，随后，从怀中抽出那支鱼骨笛，重重砸在河中。看着河面荡起波纹，又再度归于平静之后，书生笑了。

六

半年之后，骆仕英五十寿辰，各路朝臣商贾纷纷来贺。那艘名声在外的画舫船，自然早早摆在了河心。

锦衣玉食的书生，脸色红润，心宽体胖，为人处世更是承袭了骆仕英的一派作风。推杯换盏之间，当年的青涩之气荡然无存。

月上中天，三分倦意、七分酒气的书生悠哉漫步在船舱之外，稍作歇息。耳畔却突然传来一阵清丽明快之声，初闻只觉得耳熟，再细听，书生便愣在了原地——鱼骨笛！

这声音如泣如诉，书生听得心烦意乱，眼前像是一片火光冲天。书生惊叫着，竟不顾旁人阻拦，中邪一般生生扎进河中。未及众人反应，极尽人间繁华的画舫船竟也被风挟着，卷入河心突发的一场怪火之中。骆仕英之流纷纷落水，还未及探头呼救，便被几个赤瞳青发的妖怪死死摁在水中，一番挣扎后，便被烈火吞噬。目睹这一幕的人都说，它像极了那日女儿节上的惨烈。

昔日名噪一时的骆家船，如今竟化作水下焦土一抔。船上商贾巨富、文武朝官无一人生还，倒是宁海府的领事不见了踪迹。

河那头，书生气息奄奄，躺靠在一棵树下。一旁的河妖依旧是赤瞳青发。半年之前的那场烈焰，曾让她容貌尽毁，亲友蒙难。好在普罗大发慈悲，替她医治，方才恢复了旧时模样。

书生半眯着眼，冲着河妖笑着。不等她开口，便自顾自地说起话来：

“一百两。每救一人，我收费一百。

“不管。被我救了，就要付钱。

“没钱跳什么河！知道自己几斤几两吗？把你扔上岸花费了姑奶奶多大力气！”

言语落了，书生方才哭出声来。大限将至，他无心道歉，也不配道歉。

一直沉默的河妖，只握住了书生的右手，之后，缓缓松开，转身跃入湖中。触水那一刻，她匆匆抹去眼角泪痕。河妖一生，赤瞳青发，何时遇所爱之人，何时便发色转红。这个秘密，书生不知，也不会再知。

岸上的书生亦不再说话，只缓缓张开手心。一枚泛旧的铜币，静静躺在其中。

七

又是春风草绿的一年。小书生白衣素袍，在河边清洗笔墨。

倏地，脚下被人砸来一支笛子，通体净白，着实小巧可爱。还未来得及细细把玩，便被河中突然钻出的一个姑娘夺了过去。这姑娘生得美极了，赤瞳青发，格外迷人。

“不好意思啊，笛子被我弟甩了出来，没砸着你吧？”

看着姑娘大大咧咧的模样，小书生大度一笑，摇了摇手。

河妖觉得奇怪，换作旁人，早被吓得说不出话，这小书生倒是气定神闲。许是看出河妖的疑惑，小书生脸一红：“我总在梦中隐约见到一个和你有八九分相似的姑娘。”

“梦中？”

“从小便是如此，我娘说我定是前世欠下了人家的情义，才在今世念念不忘。”

小书生说完，脸更红了，脑门竟还布下了一排密密的汗珠。许是他自己也察觉了，但手指尽是墨汁，便慌忙反手在额上擦着。

河妖瞥过眼前这小书生，目光却忽地定在一处。片刻之后，一头青发转红。

小书生的掌心，一枚铜币模样的胎记，红得真实而鲜活……